シリーズ国際関係論・4

国家の対外行動

須藤季夫――［著］

東京大学出版会

THE STATE'S EXTERNAL BEHAVIOR
Sueo SUDO
(The Library of International Relations 4;
Takashi INOGUCHI—Series Editor)
University of Tokyo Press, 2007
ISBN978-4-13-034254-4

シリーズ刊行にあたって

現代世界では、ヒト・モノ・カネ・コトバが国境を越えて急速に行き交い、しばしば一国で起こった出来事が他の国の人びとの暮らしに少なからぬ影響を与えている。この世界で未来を切り拓いていくには、われわれは国際情勢を的確に把握しなければならず、そのためには首尾一貫した分析枠組みが必要である。それを世に問うことは、国際関係論のもっとも重要な仕事に他ならない。

現実を見れば、貧困や難民、環境、人権などの問題について世界的に一定の協力の機運が育まれる一方で、旧ユーゴスラビアやソマリアやダルフールでのいわゆる民族紛争や、二〇〇一年九月一一日の米国同時多発テロ事件に象徴されるテロリズム、九・一一後のアフガニスタンやイラクで引き続く戦闘、北朝鮮核問題をはじめとした大量破壊兵器をめぐる国家間の攻防のように、戦争や紛争は後を絶たず、地球規模の経済競争も激化していると言われる。国際社会の秩序はいかにして成り立っているのか、いかに戦争を防止して平和や安全保障を達成するのか、国際関係において政治（力）と経済（利益）はどのような関係にあるのか、国家はいかなる原理に基づいて対外的に行動するのかといった問いが、国際関係論の基本テーマを構成してきたゆえんである。

「シリーズ国際関係論」は、国際関係論の成果を総合することによって、これらの古くて新しい課題に挑戦するものである。具体的には、第1巻（篠田英朗）は歴史と思想を重視した国際社会論を、第2巻（鈴木基史）は理論的・実証的な平和・安全保障論を、第3巻（飯田敬輔）は同じく理論的・実証的な国際政治経済論を、第4巻（須藤季夫）は外交研究や対外政策決定分析を超えてより包括的な対外行動論を、そして第5巻（猪口孝）は二〇世紀および日本を軸にした国際関係論の系譜論を、それぞれ展開している。歴史を踏まえつつ実践の変化を見据えて国際関係論の創造的発展を模索する本シリーズは、現代世界を読み解くための最適なガイドとなるであろう。

本シリーズでは、体系的な構成、平易・明快な記述、豊富な事例紹介など、親しみやすさを心がけるとともに、現実との緊張関係を強く意識した。したがって、NGO関係者、ジャーナリスト、ビジネスマン、官僚や政治家、一般の読者が確かな視座を養われること、また大学・大学院の講義やゼミ・演習で活用されることを、大いに期待している。もちろん高度な内容や独自の見解も盛り込んでいるから、研究者にとっても読み応えがあるはずである。

本シリーズが、国際関係論の世界の奥深くへと読者を誘い、日本の国際関係論の研究・教育の進展に大きく貢献することを願ってやまない。

二〇〇七年八月

編者　猪口　孝

シリーズ国際関係論4　国家の対外行動

目次

第1章 国際関係論と国家の対外行動

国家はどのように対外目標を形成・決定し、国際社会においてどのような対外行動を通じてそれを達成するのであろうか、国際社会の顕著な現象としての政治・経済的対立や摩擦はなぜ起こり、またなぜエスカレートするのか、そして誰もが希求する戦争のない国際社会はどのようにして構築したらよいかという問いは、究極的には、国家がどのような行動をとるかに深く関わっている。換言すれば、国家の対外行動のパターンや規則性を知ることによって、対立の緩和や戦争の防止、そして協調の促進と平和の構築が可能になると言えよう。本章では本書の全体像を示すために次のような問いに答えたい。(1)対外行動とは何か、(2)エージェント・構造問題とは何か、(3)三つの対外行動論は可能か、(4)日本についての事例研究にはどのような理論的意味があるか。

1——問題の所在

国際関係論は政治、経済、社会、法、文化等、きわめて多岐にわたる問題を対象としており、その分析視角は勢力均衡という国際レベルの事象から政策決定者の価値観や認知（perception）といった個人レベルまでにも及んでいる。また、グローバリゼーションが昂進するポスト冷戦期には権威主義的な大国の中国や小国のシンガポール、民主化移行期の大国ブラジルや小国タイなどの形態や発展レベルが著しく異なる多様な国家がアクター（行為主体）として登場していることから、伝統的な国際システム論と対外政策論の二大潮流という観点では多様なアクターを捉えるには不十分であり、全般的な国際関係論の見直し作業が要請されている。再検討作業の一つは、こうした国家の多様性と国際社会の変動をどう説明するかであり、それが本書のテーマを構成するモチーフである。換言すれば、次のような問いに答えることが要請されていることになる。すなわち、国際社会の変動を引き起こしている国家の**対外行動**（external behavior）を説明するためにはどのような要因や視座が必要なのか。パワーや利益などの**物質的要因**（material factors）が国家の行動を規定するのか、それとも、規範やアイディアなどの**観念的要因**（ideational factors）が重要なのか。政治・経済体制や国家・社会関係などの国内要因が国家の行動を規定するのか、それとも、国際社会がアナーキー（無政府状態）であるために、国家はその状況や構造に合わせて行動せざるを得ないのであろうか。

ここでは、冷戦の終焉という具体的な事例を取り上げて、国家の対外行動を説明する際に直面する諸問題を確認しておこう。一九八五年三月、旧ソ連でミハイル・ゴルバチョフがソヴィエト共産党書記長に就任し国内改革と「新思考外交」を展開すると、米ソ二極構造の溶解が急展開を見せるようになる。そして一九八九年一二月にジョージ・ブッシュ（父）米大統領とゴルバチョフがマルタにおいて冷戦終焉を宣言すると、冷戦構造は突然に崩壊する。ヘンリー・キッシンジャーの次の言葉は意味深長である。「冷戦は、これからも対決が持続するとアメリカが身構えていた時に終わった。ソヴィエト帝国は、かつてその国境を越えて外部にあふれ出たときも突然であったが、それ以上に突然に崩壊した」（キッシンジャー 一九九六、四四三頁）。当然、冷戦終焉を説明できなかった責任論が台頭し、それまで主流の国際関係理論であったリアリズムが攻撃の的になった。

言うまでもなく、予測不可能であった冷戦終焉のパズルを解明するには、冷戦二極体制の構造を分析するだけでなく、その構造を支えた米国と旧ソ連の対外行動を詳細に説明しなければならないのであるが、その説明は通常、研究者おのおのの理論的立場や**分析レベル**[1]（level of analysis）に依拠して行われる（石田 一九九九）。例えば、国際システム要因を強調し、ゴルバチョフ外交を対外環境（パワー構造の変化）への対応として説明する研究者もいれば、国内要因や個人的信条を重視し、ゴルバチョフ新外交を説明する研究者もいる。そのため、多くの説明が提示されることになるが、パズル解きの最大の焦点は、様々な要因間の相互作用の結果としての対外行動をどのように説明するか、に集約される。

分析レベルという理論的観点からこの問題を突き詰めていくと、**スナイダー・モデル**（Snyder model）とジェームズ・ローズノーの「**前理論**（pre-theory）」（本書第2章第2節を参照）にたどり着く。前理論の指摘は、外交研究から行動科学アプローチを重視する対外政策研究への推移を意味している点で重要である（第2章第3節を参照）。なぜならば、ローズノーは、スナイダー・モデルに代表される対外政策決定論が理論の構築作業に不可欠な対外行動を説明する仮説を包摂していないため、対外行動の「仮説発見」の必要性を訴えたからである（Rosenau 1966）。つまり、ある国家の行動を説明するうえでの分析レベル間の因果関係の解明である。そのためには、第一にある国家の継続的な行動パターンを説明し、第二に国家の政策・行動の生起・変化を説明することが必須になる。この意味で、対外行動や国家行為を基軸とした新たな対外政策論の構築が要請されていると言っても過言ではない。事実、スナイダー・モデルとローズノーの研究に刺激される形で、一九六〇年代半ばから七〇年代にかけて「国際行動」や「国家の行動」が注目され、若干の成果が出ているのであるが[2]、その後の研究には顕著な進展は看取できない。ポスト冷戦期の国際関係論に求められているものは、国家属性の比較分析から脱皮することであり、多様な国家による相互作用を説明するという国家行動研究である。冷戦の終焉を契機として、こうした過去を再評価する作業が求められていることになる。

2―対外行動を理解するための四つの視点

それでは、本書で対外政策の新たな概念化を試みようとしている「対外行動」とは何か。一般的に、

「対外行動」とは、国際社会において国家が国益獲得のために実施する合目的な行為を指す。したがって、対外行動は対外政策研究に属することは言うまでもない。一九五四年にリチャード・スナイダーによって先鞭がつけられた対外政策研究は、複数の分析レベルを体系的に捉えようとしたため、その後多くのモデルやアプローチを輩出し、国際関係論の一大潮流となっている。[3] 一九五四年以降の展開は、本書第2章で詳述するとおり、一般的な分析枠組みを目指した第一期、部分モデルの構築を目指した第二期、個人レベルの認知の類型化を目指した第三期に大別でき、それぞれスナイダー、グラハム・アリソン、ロバート・ジャーヴィスの研究に代表される（五月女 二〇〇二）。このように一九五四年以降の対外政策研究は確かに進展しているのであるが、それらは政策決定要因の抽出を目的にしていることから、対外行動に関する一般化された命題を引き出すための分析枠組みにはなり得ない。[4] なぜなら、これまでの対外政策研究はスナイダー・モデルの影響からか政策決定論に集中する結果となり、事例研究を通じて多種多様な決定要因を抽出するという困難な作業に加え、そこから命題を体系的に構築していくことは、比較対外政策研究の行き詰まりが示唆するとおり、至難な作業だからである（Light 1994, 100）。

1　分析レベルとしてのエージェント・構造問題

対外行動パターンの一般化を試みるうえで重要な視点は**エージェント・構造問題**（Agent-Structure problem）である。エージェント（主体）・構造問題とは長らく社会学の領域で議論されてきた問題の一つであった。例えば、タルコット・パーソンズは社会学の主流として「社会システム論」と「社会行為論」とがあり、両者は収斂していくと主張したが、ユルゲン・ハーバーマスは収斂しえないとした論争である（富永 一九九三）。この論争に対して、英国の社会学者アンソニー・ギデンズは、「**構造の二重性**（duality of structure）」という概念を使用し、「エージェントと構造の相互再生産」を強調した（ギデンズ 一九八九）。すなわち、行為者としてのエージェントと行為が行われる構造とは相互作用を繰り返しながら影響を及ぼしあうため、両者を個別に分析しても意味がないと主張したのである。

このエージェント・構造問題をいち早く国際関係論に援用したアレクサンダー・ウェントは、**リアリズム**（realism, 現実主義）の問題はエージェント中心的アプローチであり、構造との相互作用を無視しているというリアリズム批判を展開して注目された（Wendt 1987）。ところで、エージェント・構造問題は、エージェントの持つ初期の**選好**（preferences）について、それが形成され、変化する過程を説明できない、という難問を包含している。別言すれば、構造要因に制約されたエージェントがいかに自己の利益を評価し最終決定を行うかを明らかにすることが必要だということであり、それは対外行動研究において特に重視すべき視点である（Carlsnaes 1992. 本書第5章も参照）。

2　四つの視点

分析レベルとしてのエージェント・構造問題は、科学哲学のメタ理論における**存在論**（ontology）と**認識論**（epistemology）との二分法に深く関係している。存在論とは、この世界に何が根本的に存在するのかを客観的に説明するものであり、より具体的には、システム全体と個別エージェントのどちらがアクターの行動を規定するのかという議論である。例えば、**ネオリアリズム**（neorealism）は全体（システム、構造）が個（国家）の行動を規定すると主張するが、**リベラリズム**（liberalism, 自由主義）は個の相互作用の結果として全体が形成されると考える。一方、認識論とは、どのようにしたら真理に至ることができるかを主観的に理解するものであり、より具体的には、パワーのような物質的な要因が重要なのか、それとも非物質的（観念的）要因が重要なのかという議論に具現化している。そして、存在論には個別と全体（holism）という二つの要素があり、認識論には物質的解釈と観念的解釈という二つの要素がある（Hollis and Smith 1990）ことから、おのおのの論争は2×2の四つの視点を生み出す。四つの視点とは、物質的な認識論と個別的存在論（Ⓐ）、物質的な認識論と全体的存在論（Ⓑ）、観念的な認識論と個別的存在論（Ⓒ）、そして観念的な認識論と全体的存在論（Ⓓ）である。ⒶとⒷはそれぞれ**古典的リアリズム**（classical realism）とネオリアリズムを意味しており、第3章で検討する。またⒸとⒹはそれぞれリベラリズムと**コンストラクティヴィズム**（constructivism, 構成主義）に該当し、第4章と第5章で検証する。

3―三つの対外行動論

スナイダー・モデル以降の対外政策研究は**アリソン・モデル**（Allison model, 第2章第3節を参照）を中心に展開している。しかし、それらの試みはあくまで部分モデルである。すなわち、決定にいたる様々な要因を抽出すること（リスト・メイキング）はできても、要因間の重要性の識別（どのような状況でどの要因が重要かという変数の操作化）には成功していないことから、一般化をめざす分析枠組みとは程遠い。エサン・カプステインがいみじくも述べたとおり、「リスト・メイキング以上のもの」(Kapstein 1995, 757) が求められることになる。極端な言い方をすると、このような対外政策研究をいくら進めても対外行動の一般化には到達しえない。それでは何が求められているのであろうか。

対外政策研究が分析上の限界を示す中で、国際関係論の基本的な理論を見直すと、リアリズムにしても、リベラリズムにしても、国家行動が理論の中にしっかりと位置づけられていることが判明する。したがって、第三の理論として浮上してきたコンストラクティヴィズムを加えた三つの理論をもう一度整理し直す必要がある。なぜならば、一九八〇年代後半から一九九〇年代にかけて**パラダイム論争** (paradigm debate) としての「**第三の大論争** (the third great debate)」が展開されたが、これらの論争を契機として、国家行動を説明する三つの理論（リアリズムと国際要因重視、リベラリズムと国内要因重視、コンストラクティヴィズムと社会要因の重視）が認識され始めたからである（コラム1を参照）。これらの三理論は、国際関係論における競合する諸理論を整理したステファン・ウォルト (Walt 1998) とジャック・スナイダー (Snyder 2004) の分類に対応している。ウォルトは、今日の国際関係論は三つの主要理論が競合している状況であり、一つの理論は世界の一部しか説明することができず、複数の理論の共存と競合を歓迎すべきであると主張した。例えば、冷戦以後の世界システムをどのように捉えるのかに関して、上述の理論は三様の解釈をしている。リアリズムは、大国間競争の復活（または一極構造）を

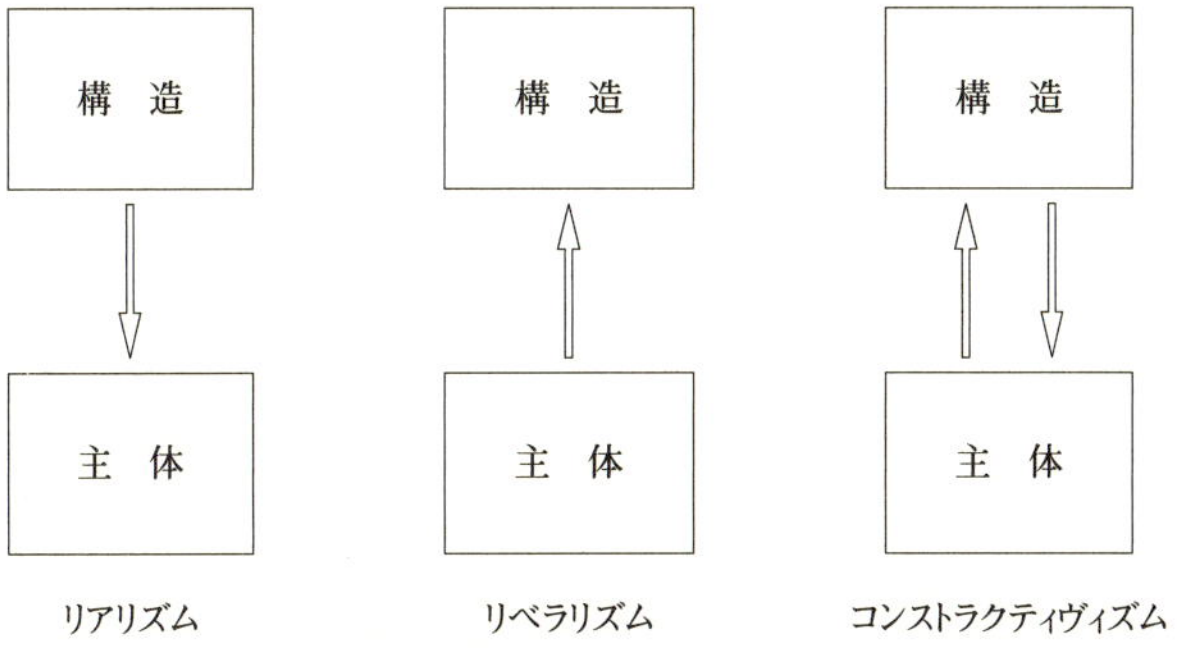

図 1-1　三つの対外行動論

予想し、多極構造の世界システムは不安定化すると予想するが、リベラリズムは、世界システムの質的変容、特に国家間協調の増加を強調し、リベラルな価値、自由市場や国際制度の広がりを重視している。それに対して、コンストラクティヴィズムは、冷戦後の新しい世界像を提示しえていないものの、国家が時代錯誤になりつつあるとする視座を強調する。⑤

　多様な国家の対外行動の解明は三つの理論の特徴を考慮しながら進められる。リアリズムの対立行動、リベラリズムの協調行動、そしてコンストラクティヴィズムの対外行動の変化という視点である。これらの論点を簡潔に図式化すると図1-1のようになる。

　以上の議論とパラダイム論争を念頭に置きながら、本書では第3章から第5章において、「国家行動」を介して三つの国際関係理論が部分的に収斂しつつあることを検証する。この諸理論の統合化こそが対外行動研究（アプローチ）の胎動と呼ぶにふさわしいからである。

4―国家の多様性と対外行動の比較――日本からの発信

本書の目的は、複数の分析レベル要因に基づく国家行動を体系的に記述・説明・予測する「対外行動アプローチは可能か」というパズルに解答を与えることである。[6] なぜ国家の対外行動なのか。今日、国際関係を動かす行為主体（アクター）は国家以外にも、国際組織、欧州連合（ＥＵ）や東南アジア諸国連合（ＡＳＥＡＮ）などの地域アクター、多国籍企業、非政府組織（ＮＧＯ）、さらにはテロリストなどの個人・集団が存在し、グローバル社会が形成されつつあるなかで、こうした非国家アクターの役割も大きくなってきている。しかし、反テロ政策、地域主義や多国間主義の高揚に関しても、国家の役割は依然として中核であるため、今日的課題に対応する意味で国家の対外行動の視点は不可欠である。例えば、「九・一一事件」以降の米国の単独行動は有効なのか、中国の平和的台頭は可能なのか、朝鮮半島の安定化のために北朝鮮の核戦略は成功するのか、などの今日的課題に対しても、米国、中国、北朝鮮の対外行動の特徴や歴史的な行動パターンを知ることは問題解決への第一歩として役立つであろう。

対外行動アプローチが可能であるかどうかは今後の研究いかんであるが、可能にさせるためにはこれまでの欧米中心の研究から脱皮し、非欧米諸国との比較研究が必要となる。今日、国家の総数は二〇〇に近づいており、国の大小、経済規模の格差、政治体制の相違等、その多様性は著しい。こうした中で、欧米以外の事例研究の蓄積が求められている。この緊急課題に対処するためにも、日本からの発信が重要であり、日本関連の事例研究から理論的貢献の道を探ることが求められていると言っても過言ではない。本書ではその一つの試みとして、日本の対外行動に関する諸研究を第6章で検討し、一般的な分析枠組み構築への可能性を探ることにしたい。

この分野における日本人の研究には、総数は決して多くないものの、英文の論文や著書を刊行するなど、意欲的な成果が含まれている。例えば、日本型モデルといわれる反応型外交に関しては、近年多くの研究が果敢に通説の**カルダー・モデル**（Calder model, 第6章第1節を参照）に挑戦しており、日本人による代替モデルの可能性が検討されている（Potter and Sudo 2003）。リアリズムに関連するものとしては、日本の安全保障政策に関して「**吉田ドクトリン**」の再評価を試みた研究が、リベラリズムに関連するものとしては、ツーレベル・ゲームに基づく日米経済関係に関する研究が、そして、コンストラクティヴィズムに関連するものとしては、アイデンティティや規範の観点から日本外交を説明した研究や、アイディア・アプローチを導入した事例研究が存在する。問題領域、資料・データ、方法という三つの分野における日本からの発信が期待される所以である。

コラム1◆パラダイム論争としての「第三の大論争」

表1-1　競合する国際関係理論

	リアリズム	リベラリズム	コンストラクティヴィズム
理論的前提	自己利益を追求する国家は，パワーや安全保障を求めて競争する．	民主主義の伝播やグローバルな経済的交流，国際組織は平和を強化する．	国際政治は説得力のあるアイディアや集合的価値，社会的アイデンティティによって形成される．
アクター	国家（政府形態の相違にかかわらず同様に行動する）	国家，国際制度，商業利益	新しいアイディアの推進者，脱国家活動ネットワーク，非国家組織
手段	軍事的パワーと国家の外交	国際制度とグローバルな通商	アイディアと価値
理論的盲点	国際関係における進歩と変化，または正当性が軍事力の一要因となり得ることを説明できない．	民主主義体制は，軍事力とパワーを保守する時にのみ生き残ることを理解できない．一部の自由主義者は民主主義体制への移行が暴力に満ちていることを見過ごしている．	どのようなパワー構造と社会条件が価値の変化をもたらすのか説明できない．

出所：Snyder（2004, 59）．

一九八〇年代のパラダイム論争は、別名「ネオ・ネオ論争」（ネオリアリズムとネオリベラリズムとの論争）であり、その主要な論争点は(1)アナーキーの性質と結果、(2)国際協調、(3)相対的利得対絶対的利得、(4)国家目標の優先性、(5)意図対能力、(6)制度とレジーム、の六点である（Baldwin 1993, 4-11）。しかし、八〇年代半ばにネオリベラリズムがネオリアリズムに接近することにより、パラダイム論争は意義を喪失していくことになる

（第5章第1節を参照）。一九八九年以降のパラダイム論争は、実証主義を批判するコンストラクティヴィズムを中心とする第三アプローチの台頭により、一九四〇年代後半の「第一の大論争」と一九六〇年代の「第二の大論争」（第3章第1節を参照）に続く「第三の大論争」へと発展継続される。三つの競合するパラダイムは表1-1のようにまとめられる。

第2章 外交・対外政策研究の展開

「日本には日米関係が存在するのみで外交政策はない」とか、「米国の対外政策は覇権主義であり一極体制の構築を目指している」とか、「イラク問題は戦争ではなく外交で解決すべきだ」などの見出しが新聞紙上を賑わすことがある。実際、外交とか対外政策という用語を今日頻繁に耳にするが、外交とは何を意味しどのようにして始まったのか。対外政策とは何を意味するのか。また両者の相違は何か。そして、外交政策は対外政策と同一なのか異なるのか。これらの疑問に即答することはそれほど容易なことではない。対外行動論の可能性を探るためには、その前提となる外交・対外政策研究の動向を正確に把握し、その基本的な概念である外交と対外政策の今日的意味を明らかにしておく必要がある。本章では、(1)なぜ外交から対外政策へと研究関心が変化したのか、(2)第二次世界大戦後に始まる対外政策研究の成果と問題点は何かを明らかにした後に、対外行動論を構築する必要性を説明する。

1―外交と外交研究

1　外交の起源とその展開

外交（diplomacy）とは、ギリシャ語で「折り畳むこと」を意味する *diploun* から派生したと言われている。紀元前五世紀頃のギリシャの都市国家は対外関係調整のために頻繁に特別使節を交換しており、そうした慣例から外交が徐々に形成されていったのである。ローマ帝国の時代には、すべての通行券、帝国道路の旅券および運送状は、二重の金属板に捺印され、折り畳まれ、そして特別な仕方で縫い合わされていた。これらの金属旅券が *diplomas* と呼ばれるようになったのである。一七世紀にその意味が拡大され、別に金属で出来ているわけではない他の公文書をも含むことになった（ニコルソン 一九六八、一八頁）。したがって、外交の起源は、古文書を解読し、先例を調べるという古文書学に関連していたわけである。そして、一八世紀に英国の対外関係でその用語が使われ始め、一九世紀に入ると外交官（diplomat）が法的にも認定されることにより、今日の外交が位置づけられる。(1)

古典書『外交』を著した大家ハロルド・ニコルソンによれば、外交は以下のとおり定義される。

「外交とは、交渉による国際関係の処理であり、大公使によってこれらの関係が調整され処理される方法であり、外交官の職務あるいは技術である」（ニコルソン 一九六八、七頁）。

この定義が示唆する重要な点は、「外交」や「交渉」が「対外政策」と峻別されていることである。なぜならば、「民主主義における『対外政策』は、内閣が国民の代表者の承認を得て決定すべき事柄であるのに反し、同政策の遂行は『外交』と呼ばれようとあるいは『交渉』と呼ばれようと、普通、経験と思慮分別を有する玄人に委ねられるべきもの」（ニコルソン 一九六八、四頁）と言えるからである。

政策と交渉を峻別するこのニコルソンの定義を十分に念頭に置きながらも、その相互関連を含めた包括的な概念として「外交」を解釈した坂野正高は、外交の特徴を次のように整理する。第一に、外交は対等の独立国家間の関係に見られる現実である。第二に、対等の独立国家間の現象であるという点で、外交には内政との間に一つの大きな違いがある。第三に、外交はけっして国家間のみに特有の現象ではない。ほぼ対等の実力を備えた集団が併立し、関係しあう場合に、共通にみられる現象である（坂野 一九七一、九—一一頁）。外交研究はこうした定義に基づき、国家はいかにして国益を求めていくのか、そのための外交官の資質はどうあるべきかを中心に展開された。このため、多分に規範的性格の強い研究にならざるをえなかった。それでは、現実の外交はどのように推移したのか。

国家を中心とした近代外交の起源は、一三～一四世紀のイタリアに求めることができる。それ以後、外交の発展は三期に大別される（西川 二〇〇一）。第一期は、ルネッサンス初頭以降、フランス革命、ナポレオン戦争を経てウィーン会議にいたる一九世紀までの、古典外交形成の時代であり、第二期は、ウィーン体制の成立から第一次世界大戦までの国民国家形成期で、ヴェルサイユ会議までの古典外交の成熟期、そして、第三期は、第一次大戦以降、現在までをその範囲とする。

第一期の外交は、ルイ一四世のフランスのように君主が外交を独占する「宮廷外交」であり、外交は宮廷を中心に展開された。外交使節の任用にあたっては、貴族が起用され、交渉の形態はイタリアで発達した慣行が流布するようになった。記録に残る最初の常駐外交使節は、一四五五年にミラノによってジェノアに送られたものであるが、その後、一五一九年には英国がパリへ常駐使節を送り、ほぼ同じ頃、フランスも外交機関を設置している。外交使節は「大使（ambassador）」と呼ばれ、彼らは国家を代表するものであったがゆえに、その赴任先での取り扱い、特に、各国使節の階級や席次、序列は、しばしば国家間対立の火種になった。例えば、三十年戦争を終結させたウェストファリア会議は、一六四一年から準備され一六四五年にようやく開催されたが、その原因の一つが各国使節の並ぶ順位や席次の問題であったとされている（岡 一九五五、一六頁）。

一六四八年に締結されたウェストファリア条約により、主権を有する近代国家が誕生し、西欧において国家体系（states system）が形成されると、外交は、国家体系の秩序を破壊しない範囲で国家間の利害の調整をすることが求められるようになった。[2] いわゆる近代外交の誕生である。フレデリック・シューマンによると、この西欧国家体系を維持してきた原理とは、国家の主権、国際法およびバランス・オブ・パワー（勢力均衡）外交である（シューマン 一九七三、七一頁）。

第二期に入ると、宮廷外交から内閣や政府官僚を中心とする外交へと変貌する。専門職としての官僚外交の台頭である。この間、外交使節の常駐化がいっそう進み、席次問題等に関する正式な合意が一八一四～一八一五年のウィーン会議を経て、一八一八年のエクス・ラ・シャペル規則として具現化された。ウィーン体制は別称「メッテルニッヒ体制」とも呼ばれているとおり、オーストリアの宰相クレメンス・メッテルニッヒ主導による勢力均衡外交が展開された時期であった。**古典外交**（classical diplomacy）の開花である。一九一四年まで展開された古典外交は、欧州の国際関係に安定と繁栄をもたらす結果となった。それは、メッテルニッヒ外交とともに、一八世紀欧州において培われた「自制と均衡の文化」のゆえにもたらされたのである。高坂正堯の名著『古典外交の成熟と崩壊』（高坂 一九七八）はまさにこの時期の欧州国際関係を描写したものである。一九一四年に崩壊した古典外交であったが、自己主張と自制、協力と自立に対処するバランス感覚、外交の限界をわきまえる配慮など、その行動原理は今日においても意義があるものであると言えよう。

第三期の外交は、ヴェルサイユ会議において国際連盟構想を提唱したウィルソン外交に象徴されると言っても過言ではない。なぜなら第一次大戦後の特徴は、専門的訓練を受けた職業外交官による秘密外交に基づいた古典外交を「旧外交」と呼びその廃止を唱え、世論の示す方向にしたがって交渉を進める「**新外交**（new diplomacy）」（または「民主外交」や「公開外交」とも呼ばれる）が提唱されたからである。しかし、新外交は、政策決定の遅延や政府による世論操作や外交に対する民主的統制の問題などを惹起する結果となった。玄人の外交を正当と考えるニコルソンは、こうした民主外交の問題として、主権者である国民の無責任や無知、先入観の存在、遅延の危険性、曖昧で変わりやすい点を指摘している（ニコルソン 一九六八、八四—九七頁）。

「危機の二〇年」と呼ばれた両大戦間期の外交は国際法や国際連盟などの国際組織を重視したものに変容していくが、国家間の調整は困難を極めた。敗戦国ドイツにおいてアドルフ・ヒットラーが登場し、英仏の宥和政策を利用して領土拡張を強行し第二次大戦を引き起こしたことは、もう一つの意味で外交のあり方を変容させることになった。ユートピアニズム（理想主義）に立脚する戦間期の国際関係論が否定され、パワーをめぐる闘争を重視するリアリズムが台頭したことである。その結果、大戦後は、超大国間の闘争である米ソ冷戦が展開されたことと相俟《あいま》って、リアリズムに立脚する外交が求められるようになった。

2　外交研究の進展——外交史、交渉、バーゲニング

一般に、外交は次の五つの機能を有している。すなわち、国家間の(1)紛争管理、(2)問題の解決、(3)異文化間コミュニケーションの拡大、(4)交渉と駆け引き、(5)プログラム管理、である（Poullada 1974）。しかし、研究の細分化が進むにつれ、それらは個別に研究されるようになる。ここでは戦後外交研究の三つの領域（外交史、交渉、バーゲニング）を検討することにしたい。これら三領域は、歴史を通じて問題を発見し、分類・概念化とデータ作成を通じて法則を見出すという点で、相互補完的である。

第一は**外交史**（diplomatic history）の研究であり、一九七〇年代にその専門雑誌として『外交史（*Diplomatic History*）』が発刊されていることからも、国際関係論における一分野としての地位を得ていることが分かる。これは歴史を重視し、国際社会に生起する出来事を歴史資料や政府の第一次資料を発

掘・駆使しながら説明しようとするアプローチであり、外交研究の中では最も伝統的な手法である。戦後の特徴は冷戦外交の展開を描くことであり、ルイス・ハレーの『歴史としての冷戦』（ハレー 一九七〇）、リチャード・スティーヴンスンの『デタントの成立と変容』（スチーブンスン 一九八九）、ジョン・ギャディスの『封じ込め戦略』（Gaddis 1982）、ポール・ケネディの『大国の興亡』（ケネディ 一九九三）などがその顕著な例である。そして、世界冷戦の主たる大国としての関心から米国で地域研究が興隆し、多数の地域研究者が台頭するようになると、よりいっそう個別的な要因（例えば、歴史的伝統、国民的性格、政治文化、地政学的条件）を重視する傾向が見られるようになった。地域研究は、歴史だけでなく政治、経済等、多岐にわたる分野を含んでいるが、主に一国集中型アプローチを重視し、ソ連外交や中国外交、日本外交等に関する研究を行っている。その結果、外交史研究は、地域研究の興隆と相俟って、国際関係論の主要な分野として認知されているのであるが、モデル構築や理論にはほとんど興味を示さないという奇妙な状況が見られた。

第二は、**交渉**（negotiation）の研究である。外交交渉とは、国家間の関係を交渉によって処理する技術を意味しており、通常①儀礼的な交流、②話し合いや意見交換を中心とする協議、そして③特定の問題を解決するための交渉に大別される。外交における交渉の重要性を強調したのが、一七一六年に『外交談判法』を著したフランスの外交家フランソワ・ド・カリエールであることは、よく知られている。カリエールは、「戦争と同じように、交渉ごとにおいて通常あることであるが、大きな企みを成功させるのに、えりぬきのスパイほど役立つものはない」と書き、「立派な交渉家は、彼の交渉の成功を、決して、偽りの約束や約束を破ることの上においてはならない」と説いた（カリエール 一九七八、二五、二九頁）。

第二次大戦後の交渉研究は、規範的な外交研究から脱皮し、行動科学アプローチを中心に展開され、一九六〇年代から七〇年代にかけて大きな進展が見られた。ジャック・ソウヤーとハロルド・ゲッコウは、交渉を「当事者の将来行動を規制する同意、あるいは契約を締結するための当事者間の相互作用」（Sawyer and Guetzkow 1965）と定義し、一連の交渉研究を開始する。西原正は、「交渉とは、先方との対立点と共通点を明確にして相互関係の調整、妥協を図る過程」（西原 一九八九、九七頁）と定義し、外交交渉の分類、過程、理論化の可能性や政治文化との関係を詳述した。特に、長い歴史の中で培われた経験と価値観に基づく交渉態度の特徴を「交渉文化」とし、その研究の重要性を強調している。この延長線上にある研究が木村汎らによる『国際交渉学』（木村 一九九八）である。木村は「交渉とは、共通あるいは相対立する利害を明示的に調整しようと試みる相互行為の形式」（木村 一九九八、三頁）であるとし、交渉の種類を分類し比較研究を行っている。交渉の種類はフレッド・イクレによれば以下の五つである。(1)延長的交渉、(2)正常化交渉、(3)再分配交渉、(4)革新的交渉、(5)副次目的交渉（Ikle 1964, 26）。その他にも当事者の数、対外的・対内的、第三者の介入の有無、公開・非公開、係争点の数とリンケージ、時間、ゼロサム対ノンゼロサム、批准の必要の有無によっても区分される（木村 一九九八、一〇―一八頁）。

交渉が最も効力を発揮する場は紛争の平和的解決である。トーマス・シェリングとイクレは、交渉は紛争を平和的に処理するための主要な方法であるとして、その手段としての妥協と取引の役割を重視し、それらが可能となる条件を見出す研究を行っている（Schelling 1960; Ikle 1964）。同様に、ケネス・ボールディングによる『紛争の一般理論』において提示された交渉プロセスは、その後多くの事例研究を生むことになった（ボールディング 一九七一）。ブルース・ラセットらの説明によれば、交渉の第一段階は、誠実に交渉しようとする意志に基づいた、予備的な事項についての討議が中心となる。そして第二段階は、実際の合意内容をめぐる駆け引きであり、解決案の策定と了解にいたる作業が含まれる（ラセット・スター・キンセラ 二〇〇二）。

第三は、**バーゲニング**（bargaining）の研究である。「取引」とか「駆け引き」と訳されるこの用語は、交渉と非常に似た概念であるが、厳密には、「当方の要求に対して先方から最大限の譲歩を引き出す過程」と定義される（西原 一九八九、九七頁）。国際社会において国家が国益を獲得するためには、他の国家や集団に影響を及ぼし、その行動を自らの意図する方向に変更させることが必要となる。こうした国家による影響力の行使として、相手国との取引を行うことを「バーゲニング」と言う。アンドリュー・スコットはバーゲニングの成り立つ条件として(1)アクター間の関係が共通利益と対立利益の混合であること、(2)アクターがそれぞれ、バーゲニングによって何らかの利得があるか、あるいはバーゲニングしないことによって何らかの損失を蒙ると考えること、の二つを挙げている（スコット 一九七三、一九九頁）。つまり、バーゲニングとは、このバーゲニングしようとする意志の存在を前提とした活動と、バーゲニングの手段としての政治・経済・軍事力の行使とから成っていると言えよう。

ゲーム論の導入によって、バーゲニング研究は一段と進展する。特に、一九八四年に刊行されたロバート・アクセルロッドの『つきあい方の科学』（アクセルロッド　一九八七）により、ゲーム論による社会現象の進化の分析が盛んになった。交渉行動の解明に関しては、囚人のディレンマ、繰り返し囚人のディレンマ（本書第4章第2節を参照）、公共性ディレンマ、チキン・ゲーム、指導者ゲーム、英雄ゲームなどの分析手法が具体的な外交や通商の交渉に適用されている。その結果、国民性とか文化差と呼ばれる要因がはたして外交交渉や通商交渉に存在するのか否かといった議論や、存在する場合それらはどういう性質を持っているのかという分析や仮説の提示がなされている（小野　一九九八、六二頁）。

3　今日的課題

中ソ武力衝突や米中和解などに代表される、一九七〇年代に起きた国際システムの構造変化を反映して、現実の外交の変容が明らかになった。それに伴って、外交研究の内容も変化しつつある。現実の変化の最たるものは外交形態である。中国の台頭や相互依存関係の昂進によって二つの特徴が浮上してくる。ひとつは、「キッシンジャー外交」と呼ばれるもので、米中ソのトライアングル外交を主導し、中東における「**シャトル外交**（shuttle diplomacy）」を展開した。外交の官僚化を回避し「メッテルニッヒ外交」に範を求めたリアリストのヘンリー・キッシンジャーの外交論は、彼の『外交』に述べているように、「国政術・政治手腕（ステイトクラフト）」である（キッシンジャー　一九九六）。表層的には時代錯誤と非難されるが、高坂が指摘した古典外交の真髄は、米中ソのトライアングル外交やシャトル外交に反映されている。もうひとつは、「**首脳会議外交**（summit diplomacy）」の活性化であり、第一次オイル・ショック後の世界経済不況に対して一九七五年に開催されたランブイエ先進国首脳会議（サミット）に代表される。その特徴は、具体的な成果よりも広範な国際世論の形成やサミットに向けての各国のシュルパ（首脳の個人代表）による事務折衝の緊密化等の面で効果をあげている点である（嶌二〇〇〇）。先進国サミットにおいては、政策協調に基づく国際社会の安定化が図られているため、対外政策から「**国際政策**（international policy）」への転換が求められつつあると言えよう。すなわち、国際社会を全体としてどのような形にもっていくのかという目標を持って秩序の形成と維持をめざす国際政策が、今後ますます必要となってくるのである（渡辺 一九九七、一二頁）。

研究における第一の変化は、理論面での統合化であり、外交、交渉、バーゲニングを個別に扱うのではなく、相互関連性に注目した分析枠組みの構築である。この意味で、ジェームズ・フィアロンの研究は注目に値する。彼は、「ほとんど全ての集合行為問題は、実施段階に続くバーゲニング段階を含む共通した戦略的構造を内包している」という論争的な主張をした。なぜならば、「将来の影が長ければ、国際条約の実施を容易にするが、同時に、交渉する国家にとってはより強力に交渉する刺激となり、よりよい取引を獲得するために条約の承認を遅らせることになる」からである（Fearon 1998, 270）。バーゲニング研究が交渉や外交と連結するようになり、それが多国間交渉の事例に適用されるなど、研究の広がりが看取される（Alcock 2002）。例えば、ウィリアム・ザートマンらの研究では、六つのアプローチ（意思決定分析、ゲーム理論に基づく戦略分析、組織分析、小集団分析、パワー・連合分析、リーダーシップ分析）に基づく多国間交渉の共同研究が試みられているが、こうした研究は始まったばかりであり、今後の成果が期待される（ザートマン 二〇〇〇）。

そして、第二に、冷戦後の外交研究は、冷戦の終焉を説明・予測できなかったという反省から、外交史と国際関係論の共同研究に注目するようになる。もちろん、冷戦期においても、国際関係理論を導入した外交史研究が存在したものの、例えば、リアリズムに基づくギャディスの冷戦外交史が多くの批判を生んだように、共同作業には至らなかった（Smith 1999）。歴史家ポール・シュローダーは、特にリアリズムの国際関係論を批判し、リアリズムの歴史観を全面的に否定するに至っている（Schroeder 1994）。国際関係論における外交史家との共同作業を再評価したのは、一九九八年の共同研究であり、その結果は、雑誌『国際安全保障（*International Security*）』の「歴史と理論」特集にまとめられている（エルマン・エルマン 二〇〇三）。この共同研究が示唆するように、歴史アプローチと国際関係理論とは方法論的にも異なるものでなく、相互補完性があり、それほど両者の違いは大きくないという共通認識が出現しつつあることも事実である。しかし、歴史家が特定の出来事に関する詳細な説明を重視するのに対して、国際関係論は複数の出来事を検証しそれらに共通する特徴や因果関係を抽出して、より簡潔な説明を重視するため、両者の相違は依然として小さくないと言わざるを得ない。いずれにしても、外交研究は、「理論的基盤の弱い、分断的な研究分野」（Jonsson 2002, 217）であると言えよう。

2―対外政策と対外政策研究

日本では、"foreign policy"の訳語として、「対外政策」や「外交政策」が使われている。佐藤英夫は、外交政策はどちらかというと、伝統的な安全保障もしくは高次元の政治のほうに重点が置かれ、対外政策はより中立的な意味合いを持っている、と指摘する（佐藤 一九八九、六頁）。また、有賀貞は、「対外政策と外交政策という用語は通常区別なく用いられている。外交政策のほうがなじみ深い言葉であるが、国家の対外行動には軍事力の行使も含まれているから、foreign policy にあたる用語としては対外政策がより適当であるともいえる」（有賀他 一九八九、二頁）と両者の相違を説明する。本書では、対外行動に焦点を当てていることから、「対外政策」を"foreign policy"の訳語として用いることにしたい。

1　スナイダーによる対外政策アプローチ

対外政策という概念がどの時代にどのようにして使用されるようになったのかは定かでない。前述のニコルソンの『外交』にもすでに現れていることから、第二次大戦前から使用されていたことは疑いない。しかし、外交研究はあくまで国家の対外的な行動を歴史的または規範的に説明するものであるとされ、外交は基本的には国家Aの政策に国家Bが対応するという「刺激―反応」パターンとして捉えることができることから、国内の政策形成過程にまで踏み込んで分析するには至らなかった。このような指摘はジェームズ・ローズノーの次の言葉からも看取できる。「当時の研究者たちは、具体的な人間の態度や行動を検討するという傾向をもっておらず、国家の行動の目標やその裏づけとしては、むしろ地理的・歴史的・政治的あるいは技術的な諸条件を挙げることがおこなわれていた。そして、これらの諸条件はあまりにも決定的なものと考えられていたために、国家は完全にこれらに従属しているものと考えられていたのである」（ローズノー 一九七一、一〇四頁）。それが変化し、対外政策概念が意識して使用されるようになったのは、戦後、米国で勃興したリアリズムや行動科学革命の影響によるものである。

第二次大戦以後、国際社会における国家の行動を説明する必要が高まると、その説明を行動科学的に行うこと、すなわち、人間行動を科学的手法で捉えることが求められるようになる。それはなぜか。一九五〇年代に勃興した行動科学は、研究を進める上でまず何よりも概念の精緻化、分析枠組みや説明命題の構築を重視するものであった。この段階を経て、仮説を検証可能な形にするという「操作化」の第二段階に入り、最終的には、仮説の検証を行うという第三段階のステップを踏むのが通常である。そうであれば、伝統的な外交史や国際関係論で使用されてきた諸概念が批判の対象となったことは自然の成り行きであった。規範的外交研究からの決別である（Gross 1954）。

こうして、行動科学者による伝統的アプローチの批判が始まることになり、パワー、利益（interest）などの概念の精密化が急務の課題として登場してくるのである。同時に、スプラウト夫妻による「環境」分析は、合理主義モデルに特有な、細部を捨象した**ブラック・ボックス**（black box）型政策決定論に対して、決定者の知覚や認知を重視した「心理的環境」という概念を提示し、多大の影響を与えることになった（Sprout and Sprout 1956）。つまり、ブラック・ボックスを開ける作業であり、これを**ホワイト・ボックス**（white box）化と呼んでいる。戦後国際関係論の飛躍的発展は、地政学的な「決定論」から行動科学的な「確率論」へのシフトに負うところが大きく、その帰結がブラック・ボックスの開放であった。

リチャード・スナイダーは、こうした問題意識を持ち、科学的手法を導入しながら、自らの対外政策アプローチを築き上げていったのである。事実、一九五四年に、彼は「対外政策という曖昧な用語の意味を明らかにする努力がほとんどされていない」（Snyder, Bruck, and Sapin 1962, 84）と述べている。伝統的な外交研究から対外政策研究へと画期的な転換を図ったのであるが、その後の進展は予想以上に困難を伴うものであった。[3] 例えば、スナイダー・モデルから二〇年後、バーナード・コーエンとスコット・ハリスは対外政策の定義の多様性に言及し、「二人として同じ仕方で定義することがない」（Cohen and Harris 1975, 381）と嘆いている。こうした難解な概念を定義することは困難であるが、これまでの定義を見るといくつかの共通項が見えてくる。例えば、ジョセフ・フランケルは、対外政策とは、「一つの国家と他の国家との間の関係に何らかの程度でかかわっていると考えられる決定と行為から成っている」（フランケル 一九七〇、一頁）と定義し、またカレヴィ・ホルスティは、「目的を規定（define）し、先例を設定し、あるいは行為の路線を規定する決定と、その決定を実施するための行為である」（ホルスティ 一九七二、二九頁）と定義づける。明らかに、「決定」と「行為」という共通項が存在している。スナイダー・モデルでは、政策決定とは、「問題となっている社会的に定義され、限定された択一的な諸計画の中から、政策決定者が期待する特定の状況をもたらす一つの計画の選択に帰結する過程である」(Snyder, Bruck, and Sapin 1962, 90) という定義が与えられている。

ここでは、広範囲の要素を包摂できるようにする意味で以下の定義を用いることにしたい。対外政策とは、「国際関係における独立した主体（アクター）によって遂行される公的な対外関係の総和」である (Hill 2003, 3)。より具体的に説明すると、「対外」とは、今日の世界は依然として単一で均質な単位にはなっておらず、独特な共同体に区分されており、これらの共同体は「外部の人々」に対処するための戦略を必要としている。「政策」とは、「公的な対外関係の総和」を意味しており、独立した「主体」とは、通常は国家を指しているが、諸国家から成る国際連合（国連）や欧州連合（ＥＵ）、東南アジア諸国連合（ＡＳＥＡＮ）などのアクターも対象に含まれる。

2　ローズノーの「前理論」

一九五四年に発表されたスナイダーの包括的モデルは対外政策論の嚆矢《こうし》であったと言えるが、政策決定論に特化したがゆえに、対外行動論に進展せず、対外政策研究に留まった。なぜそうなったのか。対外政策研究の原点は、プリンストン大学で始まった「対外政策分析 (Foreign Policy Analysis) プロジェクト」の一員であったスナイダーらが一九五四年に『国際政治研究の一つの政策決定アプローチ』というモノグラフを発表したことである。それ以降、後述するとおり、スナイダーは包括的モデルをめざし、スナイダーの門下生であるローズノーは比較対外政策論に特化することになる。

スナイダー・モデルが提示されると、ローズノーは積極的にその意義を認め、その効用について次の二点を指摘した。(1)外交政策行動の源泉としての国内的諸変数の役割を経験的にたどる手段を提示したこと、(2)どのような政策が採用されるかということの一つの主要な決定要因として、政策決定過程自体を体系的に捕捉する枠組みを提示したことである（ローズノー 一九七一、一〇六頁）。しかし、スナイダー・モデルは、諸要因間の構造が明らかでないこと、予測が可能でないこと、そして特定の状況に適用できないことなどの限界も包摂していた。ローズノーの批判は次のとおりである。「政策決定論的なアプローチに欠けているものは、明らかに〈もし…ならば〉仮説（if-then hypothesis）つまり、もしある状況が発生した場合に、どのような意思決定や行動がおこる蓋然性があるかということを指し示す諸命題である」（ローズノー 一九七一、一二三頁）。

このような理論上の欠陥を乗り越えるために、一九六六年に「前理論」を提示したローズノーは、外交行動を規定する諸変数によって類型化することを目指した。前理論とは一般理論の前段階の研究作業を意味し、因果関係に基づく仮説の発見を重視する。国家の対外政策に影響を与える、異なった分析レベルのそれぞれに基づいて変数の相対的重要性を決定することを究極的な目標とし、多様な国家を三つの要因（国家の規模、経済発展の度合い、政治システムの性格）によって分類し、異なるタイプの国家にどの変数がいかなる影響を与えるのかという問題を提起したのである。仮説構築の必要性を主張するローズノーは、その作業方法として、(1)多数の国家についてのデータを解析するという比較の方法を通じて、(2)仮説を検証し、(3)命題を蓄積的に発見していくことによって、究極的には対外政策の一般理論を構築する、の三点を強調した（Rosenau 1966）。

この前理論の延長線上にローズノーは、国内政治と国際政治の連携関係を理論化する作業を開始する。そこには「問題領域」と「浸透性体系」という二つの新しい概念が含まれているが、前者はある国家社会の配分されるべき価値であり、領土、地位、人的資源、非人的資源という四つに分類される。後者は、ある国家社会の非構成員がその社会の構成員との共同活動を通じて、その社会の価値配分、または、その社会の目標のための支持の動員に、直接的あるいは間接的に参与する体系をいう。

ローズノーはこの二つの概念を駆使して、国際政治と国内政治の相互関連性をモデル化するために「リンケージ・ポリティクス」を提唱した（Rosenau 1969b）。そのモデルの特徴は、環境（国際体系）の六つの要因（隣接、地域、冷戦、人類、資源、組織）と、政治体（国内体系）の四つの要因（アクター、態度、制度、過程）との関連性を解明することにより、一国の政治体系の構造と機能、その安定性などが国際体系の諸変数とどのように連携しているのかという仮説の発見になることから、国際関係論の進展に多大な貢献が期待できる点である。しかし、このモデルは政治体要因（四つの要因はさらに細分化され、二四のサブカテゴリーに分けられる）と国際環境要因（六）のマトリックスから合計一四四の変数（二四×六）に細分化されるなど、スナイダー・モデル以上に多くの変数を操作しなくてはならないという皮肉な結果となっている。そのような操作上の困難性はあったものの、ローズノーはその後、多くの研究テーマの中でも特に比較対外政策研究を精力的に行い、多数の成果を出している[4]。

3—対外政策研究の展開とその問題点

ローズノーの分類（Rosenau 1969a）によれば、対外政策は国際政治と対概念になっているという意味で重要な研究分野として認知されているが、これまでの対外政策分析をレビューしてみると、意外に研究内容が特化していること、そしてその多様性のゆえに教科書になりにくいという難点が確認できる。実際、スナイダー以後の研究を鳥瞰すると、概説的な理論研究書としては、Modelski (1962)、フランケル（一九七〇）、Rosenau (1967)、Merritt (1975)、Jensen (1982)、Hermann, Kegley, and Rosenau (1987)、Clarke and White (1989)、Neack, Hey, and Haney (1995) の八点に留まっている。日本人によるものは極端に少なく、花井（一九七五）、有賀他（一九八九）、佐藤（一九八九）の三点のみであり、一九八九年以降の文献は存在しない状況である。(5) ここでは、最近の研究を参考にしながら、これまでの進展を三つのモデル群——**包括的モデル**（comprehensive model）、**部分モデル**（partial model）、**認知モデル**（cognitive model）——から説明し、研究動向を整理することにしたい。

1　包括的モデル

スナイダーはなぜ包括的モデルを目指したのか。まずスナイダー、H・ブルック、バートン・サピンによって最初に提示された対外政策決定モデルは、これまでの伝統的な外交史研究やそれに基づく国際政治学を乗り越えるために構築されたという事実を確認する必要があろう。スナイダーの問題関心は、国際政治の理論化を進める上で問題となる「現実主義と理想主義の二分法」を克服するために、「科学的な対外政策決定アプローチ」を提唱することであった。特に、スナイダーが政策決定者の主観的な「状況の定義」から現れる国家の行為を、科学的に分析すべきであるとした点は重要である。それは「主観―客観ディレンマ」問題を乗り越える意味でも必須の作業であったからである（漆畑 一九九七）。

それでは、この包括的モデルの登場で何が変わったのか。これまでのアプローチは、国家が対外環境からの入力《インプット》に反応していくという単純なものであったが、スナイダーは「政策決定者の観点から見る」ことを強調し、主観主義的認識論を提示したのであった。ローズノーの言葉を引用すれば、「対外政策の研究者たちは、ただ抽象的な行為者を仮定することをさしひかえるようになったばかりでなく、現実の要求のきびしさについて語るかわりに、より多くあい矛盾する選択肢について語るようになり、また、外交上の形式についてよりもむしろ外交官の直面するジレンマにふれ、状況の要請よりもむしろ機会の制約にふれ、国際関係の優位よりもむしろ国内的ならびに対外的な目標の間の競争についてかたるようになった」のである（ローズノー 一九七一、一一五頁）。一九五〇年代から六〇年代にかけて、対外政策の分析は、このスナイダー・モデルの妥当性をめぐって展開されたと言っても過言ではないであろう。

同様に、英国にスナイダーの対外政策アプローチを紹介したフランケルは、政策決定を「二つないしそれ以上の政策から一つを選択する個人あるいは集団の意志的行為において終わりとなる一つの過程を構成している」と定義した（フランケル 一九七〇、六頁）。すなわち、政策決定過程を個人や集団が選択肢の中から選択する意識的な行為の過程として捉え、政策決定者と制度的背景との関係、および価値体系と環境の影響力という問題をも枠組みに取り入れている点がこのモデルの特徴である。スナイダー・モデルの基本枠組みを踏襲しながらも、フランケルはスプラウト夫妻の主張した「心理的環境」を取り入れた「実践的環境」概念を中心とした一般モデルを提示したのである。

このような包括的モデルに対しては次のような批判が出ている。第一に、あまりにも多くの説明変数が与えられ、それらの具体的な説明が欠落し、いかなる過程を経て変数として機能するのか不明であることから、モデルのための**モデル**の域を出ておらず、第二に、変数間の相互関係が不明瞭であることから、仮説の設定や現象の予測の段階にまで議論を発展させられないというものである。これ以降、この問題は、包括的モデルという大理論（grand theory）を目指したところに起因していることから、前述のローズノーの批判を考慮しつつ、**中範囲理論**（middle-range theory）としての部分モデルが構築されるようになる。[6]

2　部分モデル

核戦争の瀬戸際までに発展した一九六二年のキューバ・ミサイル危機を説明したアリソン・モデルは、対外政策研究において画期的なブレイクスルーとなったことは疑いない。政策決定論だけでなく、公共政策学や政治学一般に対する多大な影響を及ぼしたからである。[7] グラハム・アリソンは、「分析レンズ」を通じて事象を説明することを強調し、三つのモデル――**合理的行為者モデル**（rational actor model）、

組織過程モデル（organizational process model）、**官僚政治モデル**（bureaucratic politics model）――を打ち出した（アリソン 一九七七）。第一モデルは価値極大化を遂行する合理的個人であるかのごとく国家を分析するモデルであるが、アリソンは国家をブラック・ボックス化する点をこのモデルの限界とした上で、政策決定者を拘束する非合理的な要因、特に組織上の要因と官僚政治上の要因に焦点を合わせて第二、第三モデルを提示したのである。この著作は、これら三つのモデルを駆使し、キューバ・ミサイル危機の「決定の本質」に迫った労作である。

第一の合理的行為者モデルは、伝統的な外交史や国際関係論の主流を占めてきた方法であり、問題―選択肢―合理的計算―決定というプロセスを経て、政策が合理的に選択されるというものである。このモデルでは、政策決定者は一人であるか、あるいは複数であってもその全員が対外政策の目的や手段について同一の意見を持っているとされ（単一アクター仮説）、その行為は当該問題に対する計算された反応であるとの仮定が存在している。例えば、キューバ危機において、米国が海上封鎖を選択したのは、ミサイルを取り除くための空爆、あるいはソ連との交渉などの他の手段と比べた場合、それが最も適した手段と考えたからである、と説明される。しかしながら、政策決定過程においては複数の主体が個別の行動目的によって活動する結果、国家の合理性には限界があると言わざるを得ない。この限界を超える意味で出されたのが第二モデルの「組織過程モデル」である。

第二の組織過程モデル（第二版では「組織行動モデル」）は、政策決定過程に関与する組織の役割を重視するものであり、政策は組織内の**標準作業手続き**（standard operating procedures：SOP）に基づいた準機械的プロセスの産物であると理解する。事実、ルーティン化傾向を特徴とする行政機構は決定に際して次のような行動を取りやすい。紛争の擬似解決、不確実性の回避、問題に誘導された探索、組織学習である。例えば、ある問題が起こると、組織は、所管する問題分野に関して、過去の経験から作成された一定のSOPやプログラムに基づいて、行動を起こすのである。これをミサイル危機に適用すれば、なぜ海上封鎖を選択したのかは、空爆が成功する可能性を大統領が国防長官に尋ねると、国防長官はSOPに基づき「九〇%の可能性」と答えたため、リスクのより少ない海上封鎖が選択された、と説明される。

第三の官僚政治モデル（第二版では「政府内政治モデル」）は、政策決定に関わる個々人（プレーヤー）間の駆け引きを含む相互作用の産物である。官僚政治モデルには次の七つの特徴がある。第一に、官僚政治モデルにおいては、政策決定者はプレーヤーとみなされる。第二に、官僚政治モデルでは、政府の外交行動がゲームとして把握される。第三に、外交行動がこのようにゲームとして把握されるために、プレーヤー達の行動はゲームの展開と帰結によって説明づけられる。第四に、プレーヤー達の行動を規定するものは政府機構における彼の「機構上の地位」である。第五に、プレーヤーの行動は、政策ゲーム、決定ゲーム、アクション・ゲームとみなされる。第六に、官僚政治モデルでは国家の外交行動は合理的なモデルから生じるのではなく、むしろ異なった利益をもつプレーヤー達の間の駆け引きから生ずると考えられる。第七に、官僚政治モデルから抽出された一連の政策提言である（進藤 一九七四、五〇—五二頁）。ミサイル危機の説明としては次のようになろう。すなわち、政府内政治決定は複数のプレーヤーが異なる目的および選択肢を持って参加し、議論のプロセスにおいて、空爆派と海上封鎖派とに分かれ、参加プレーヤー間で説得や駆け引きが行われ、ジョン・ケネディ大統領の周りに海上封鎖派が結集し優勢となった結果、それが最終決定になったというものである。

多くの批判（コラム2を参照）に応える目的で一九九九年の第二版において新たに書き加えられたのが集団決定に関する一節「選択と行為に関する集団過程とその効果」である。そこで検討されている項目は、(1)より質の高い決定、(2)プリンシパル・エージェント（principal-agent）問題（競合する目的と情報の非対称性）、(3)参加者（誰がプレーするのか）、(4)決定のルール、(5)争点の形成とアジェンダの設定、(6)集団思考（groupthink）、(7)共同決定と行動の複雑性、の七点であるが、結論的に言えば、「組織の階層性を前提とした政治過程の分析」を強調し、対外政策は、「組織の階層性から影響を受けるプレーヤー間の駆け引きの結果」であるとするのみで、批判に十分応えているとは言えない（Allison and Zelikow 1999, 263-294）。

3　認知モデル

さて、対外政策分析の第三のモデルである認知モデルは、対外政策決定者の個人の認識に着目し、個人の心理・認知によって対外政策決定を分析するアプローチであり、一九七〇年代から八〇年代に注目を集めた（五月女 二〇〇一、一〇二頁）。スナイダー・モデル以降、認知モデルは各種の同類の概念——例えば、イメージ、操作的環境、認知地図、オペレーショナル・コード——が登場しているが、共通した視点は政策決定者の心理と情報の解釈という問題であると言えよう。スナイダーは主観的な「状況の定義」を重視したのであるが、スプラウト夫妻のように「心理的環境」を重視する場合は、知覚や解釈の基礎となる心理構造が問題となる。この点に関して、レオン・フェスティンガーは「**認知的不協和論**(theory of cognitive dissonance)」を打ち出し、人間は相矛盾する認知を同時に持っており、そこから生じる認知的不協和に耐えることができないとした。そのため人間は、不協和をなくして、自己の持つ矛盾を回避するように行動するのである(フェスティンガー 一九六五)として、認知モデルの基礎を築いた。(8)

対外政策研究においてロバート・ジャーヴィスの認知論は特に著名であり、政策決定過程においていかに「**誤認**(misperception)」が生じるのかという問いに答えようとした画期的な研究である(Jervis 1976)。彼の基本的視座は、認知的一貫性(cognitive consistency)論を認知的不協和論によって補強したものである。ジャーヴィスによれば、誤認をもたらす要因は以下の八つである。(1)心理的整合性、(2)誘発された傾向、(3)歴史からの学習、(4)態度変容、(5)共通の誤認、(6)過大評価、(7)希望的思考、(8)認知的不協和。ジャーヴィスの研究で重要な点は、第一に、対外政策に影響する要因を四つのレベル(政策決定、官僚制、国家の性質と国内政治の作用、国際環境)に設定したうえで、政策決定レベルに研究を限定したこと、第二に、環境の認知、特に誤認に焦点を絞り、誤認の意図せざる帰結に関する諸問題、特に安全保障をめぐる政策決定に限定したことである。

同様に、ジョン・スタインブルーナーの「**サイバネティック決定**(cybernetic decision)」は、アリソンの組織過程モデルを個人のレベルに適用したものであり、不確実性の主観的解決という問題を、「限定された情報」と「単一の価値」という概念を導入することにより解決しようとした。すなわち、人間は「合理的存在」ではなく、不確実性を制御しつつ限定された計算能力と拘束された学習過程を通じて複雑さを解消しようとする「サイバネティックな存在」と捉える。その際、典型的な政策決定者を三つのタイプ——理論的思考人（theoretical thinker）、中立的思考人（uncommitted thinker）、型にはまった思考人（grooved thinker）——に分類し、政策決定においてどのような反応をするのか考察している。その結果、(1)決定者は直接全ての結果については計算せずに不確実性のインパクトから逃れようとし、(2)決定過程の本質は特定の選択された結果の追求ではなく限定的な手続きの結果であり、(3)決定者は既存手続きとの関連において規定される限定的な情報のみに反応する、という興味深い結論に至っている（Steinbruner 1974）。

以上のように、認知モデルの特徴は、どのようにして政策決定者が他人の行動を認識し、その意図を判断するかについての一般化を試みる点にあるが、その方法論に関する問題は少なくない。実際、政策決定者の認識が正確であるのか、誤認であるのかを判断することさえ容易ではない。ましてや誤認を一般化することや因果関係を確定することは至難の技と言わざるを得ない。最近になって、『政治心理と対外政策』（Singer and Hudson 1992）に続いて**プロスペクト理論**（prospect theory）（McDermott 1998）という研究が出ており、日本においても『ハンドブック政治心理学』（河田・荒木 二〇〇三）が出版されるなど、今後の研究動向が注目される。特に、政策決定者のリスクに対する志向性（損失を受容するか回避するか）を重視するプロスペクト理論は、リアリズムとリベラリズムの論点を統合させる視点を有していることから、今後の成果が期待される（Berejikian 2004; Welch 2005）。

4—対外行動アプローチの胎動

これまでの検討で、外交研究も進んでいるものの、政策の執行としての外交形態（交渉とバーゲニング）に特化していることから理論化への関心が低いこと、そして、いわゆる対外政策研究は一九八〇年代を通じて政策決定論を中核として進められてきたことが判明する。研究自体の進展は見られたものの、外交形態と意思決定に特化したことによる限界はやはり指摘しなければならない[9]。多数のモデルが乱立する状態であり、説明要因の細分化が進んでいる中で体系化が極端に遅れているからである。例えば、トーマス・ブルーワーによる『米国の対外政策』という教科書には一〇の分析モデルが挙げられている（Brewer 1986）。それらは、合理的行為者モデル、増分主義、人間行動論、組織的行動論、民主政治論、多元主義—官僚政治論、支配エリート論、国際政治論、超国家政治論、世界システム論であり、どのような事例にどのモデルを援用するのか判断できない。

一九九〇年代に入ると、冷戦の終焉を説明できなかったという状況下で対外政策研究は大きな挑戦に直面することになる。対外政策分析をレビューしたマルゴット・ライトは、三つの理由でこのアプローチは危機的状況にあるという。第一は、今日においても対外政策の一般理論は構築されていないこと。特に、比較対外政策はこの点において失敗している。第二は、対外政策分析は現存する理論的パラダイムと連動していないこと。第三は、対外政策過程の国内プロセスに過度に関心が集中していること。これらの理由から、ライトは「この研究の一貫した後退がみられる」(Light 1994, 100) と結論づけた。さらに、ヤーコヴ・ヴェルツバーガーは、「対外政策研究は、今後、二一世紀における政策環境と主体の変容する性質に合致するように抜本的な適応とそのリサーチ・アジェンダの近代化が必要であり、我々の時代の関心に対する妥当性を失っていく傾向を回避しなければならない」(Vertzberger 2002, 47-48) と警鐘を鳴らしている。

二〇〇〇年以降、こうした批判を考慮した研究成果が出版されている。例えば、国家の行動をコンストラクティヴィズムから捉えようとした研究 (Kubalkova 2001b)、非国家アクターも含む国家行動の比較研究 (Webber and Smith 2002)、そしてエージェント・構造問題を取り入れた研究 (Hill 2003; Hudson 2007) は、一九九〇年代のパラダイム論争を反映した成果である。また、ウォルター・カールスナエスとデーヴィッド・ホートンのレビュー論文は、これまでの問題点を指摘するだけでなく、今後の研究のあり方に関して多くの示唆に富む視点を提供している (Carlsnaes 2002; Houghton 2007)。

これらの研究成果を考慮して、新たな対外政策論は、国家の対外行動を中心とし、よりマクロ的な視点からの理論化を目指すことからあえて「対外行動アプローチ」と呼ぶことにしたい。この対外行動アプローチは対立行動や協調行動といった国家行動のパターンを説明するものであり、必ずしも政策決定論である必要はない。つまり、対外政策の方針 (決定) よりも観察可能な対外行動 (高木 一九八一、一三七頁) に注目するアプローチである。例えば、国家はなぜ対立するのか (リアリズム)、なぜ協力するのか（リベラリズム）、なぜ政策を変更するのか（コンストラクティヴィズム）という問いに答える作業である。こうした観点から、続く第3章、第4章、第5章では、それぞれリアリズム、リベラリズム、コンストラクティヴィズムと対外行動との関係を明らかにする。

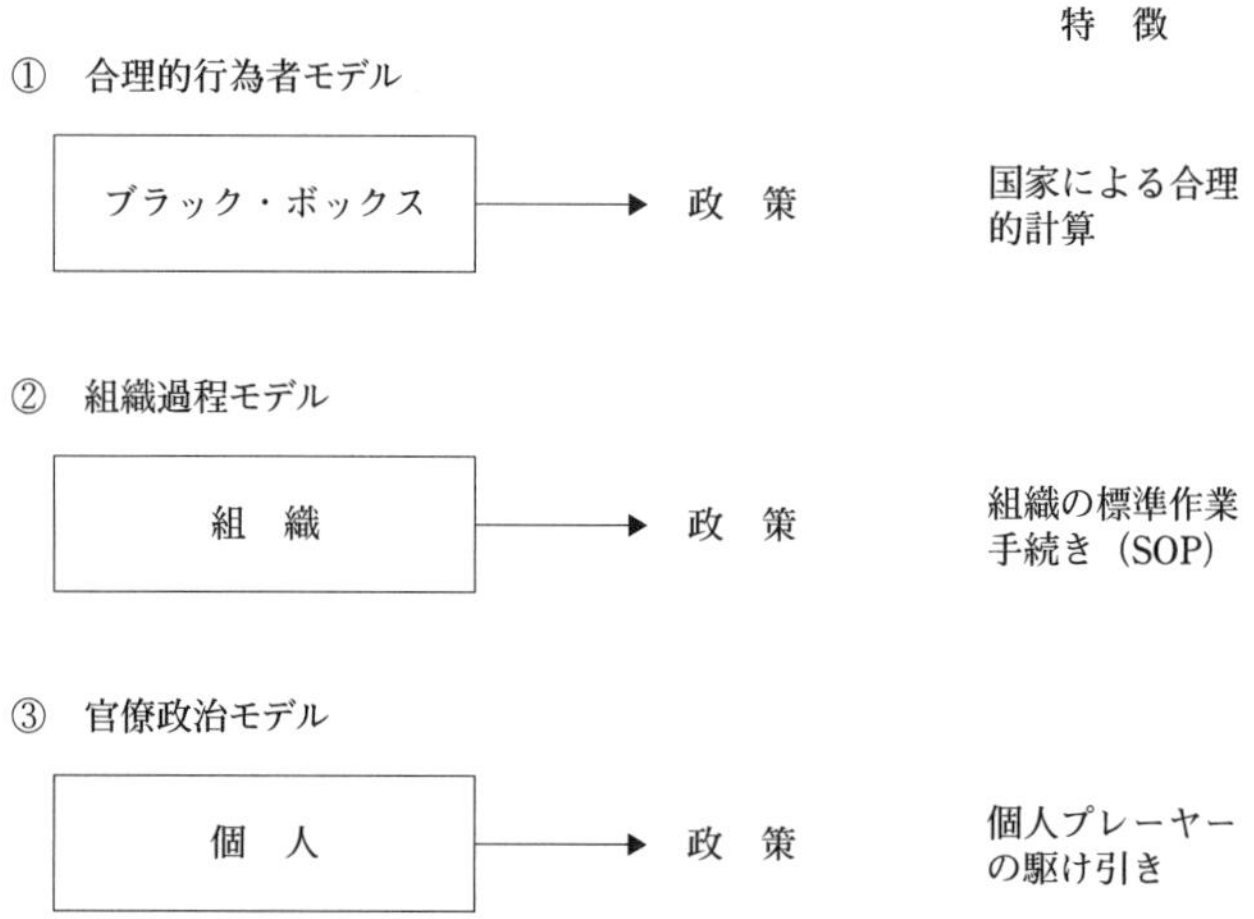

図2-1　アリソン・モデル

コラム2◆アリソン・モデル

一九六二年のキューバ危機を説明したアリソン・モデルを簡潔にまとめると図2-1のようになる。

伝統的な合理的行為者モデルを補完する意味で提示された第二、第三モデルであったが、多くの問題点が指摘されている。最も体系的に批判したのはジョナサン・ベンダーとトーマス・ハモンドである。彼らは、アリソンの第一モデルの設定が不十分な合理性の理解と単純化に基づいていることを批判し、合理的行為者モデルには、意思決定論の側面とゲーム論的側面が含まれていなければならないが、前者については単純化された合理的アクターの設定であり、後者に関しては考察が行われていない、と批判した（Bendor and Hammond 1992）。また、官僚政治モデルに対する批判として、(1)モデルの分析対象が限定されていること、(2)「立場は地位に依拠する」という命題の妥当性、(3)行政府の階層性の軽視、(4)モデルの複雑性がある。

第3章　リアリズムと対外行動

周知のとおり、第二次世界大戦後、戦間期のユートピアニズム（理想主義）が失敗し未曾有の世界大戦を勃発させたことの反動として、リアリズム（現実主義）が国際関係理論として台頭する。ハンス・モーゲンソーの『諸国家間の政治』が刊行された一九四八年は、マーシャル・プランやトルーマン・ドクトリンが発せられたことにより、ヤルタ会談（一九四五年）での合意が崩れ始め、冷戦がヨーロッパにおいて動き出し、ベルリン危機の発生によって覇権国家米国による「ソ連封じ込め」が本格化する年でもある。こうした国際環境の変化によってリアリズムは国際関係の主要な理論として登場することになる。本章では第一の対外行動視座であるリアリズムとは何かを整理し、その国家行動の説明をめぐる議論と、リベラリズムとのパラダイム論争が対外行動論にどのような影響を及ぼしたのかを明らかにしたい。そして、ネオリアリズムによる対外行動の理論化の動向を複数の事例を通して紹介し、その問題点と可能性を検証する。

1―リアリズムの国家行動観

リアリズム（現実主義）は「現実をあるがままに直視し、これにあわせて対処しようとする思考あるいは行動様式」（大畠 一九八九、一七一頁）と一般的に解釈できる。先駆者として、トゥキディデスやニッコロ・マキャヴェリ、トーマス・ホッブズ、カール・フォン・クラウゼヴィッツ等が挙げられる。例えば、トゥキディデスはリアリズムの古典とされる『ペロポネソス戦史』の中で、「戦争を不可避にした要因は、アテネのパワーの増大と、それがスパルタに与えた恐怖であった」と記した。そして、この『戦史』を初めて英語訳したホッブズは、彼の名著『レヴァイアサン』において、自然状態としての「万人の万人に対する闘争」に対処するため、社会秩序を保つ強力で中央集権的な国家権威（レヴァイアサン）の確立を訴えた。一九世紀においても、戦争を政治の延長と捉えたクラウゼヴィッツの『戦争論』にはリアリズム的要素が色濃く見られている[1]。それはまた、ポスト冷戦期に高度成長を続ける中国のパワーが増大し、それを「中国脅威論」として、日本や米国が警戒している現状にも通じるものである。

明らかに古代ギリシャ時代から今日に至るまで、リアリズムは国家間関係を説明する主要な理論であるが、それは単一の理論ではなく、トーマス・クーンの言うパラダイム（仮説のセットから成る思考の枠組み）に近いものである（クーン 一九七一）。それではパラダイムとしてのリアリズムはどのように定義できるのであろうか。そして、リアリズムはどのように国家の行動を説明しているのであろうか。ここでは各種のリアリズム理論をモーゲンソー流の古典的リアリズム、ケネス・ウォルツ流のネオリアリズム、対外政策論を目指す**新古典的リアリズム**(neo-classical realism)、**戦略的選択アプローチ**(strategic choice appoach)の四つに区別して議論を進めることにしたい。

1 モーゲンソーと古典的リアリズム

戦間期の理想主義的対応によって第二次大戦を防止できなかったという反省から、一九三〇年代の論争を経て古典的な意味でのリアリズムが登場する。国際関係論における「**第一の大論争**(the first great debate)」は、理想主義と現実主義との論争であり、E・H・カーの言うように「大衆の平和を希求する情熱が国際関係論の誕生を促し、その内容を大きく規定した」以上、第一次大戦後の国際関係論が規範的・理想的アプローチになったとしても驚くに値しない。なぜならば、「人間は合理的存在であり、国際機関や国際法によって、人間社会で平和の実現が可能であると信じる」からである(カー 一九五二)。しかし、第二次大戦の勃発は、理想主義的アプローチの前提が機能しなかったことを意味し、その理由が国家利益と権力をめぐる闘争を軽視したためであったことを明らかにした。第二次大戦後の国際関係は、大戦を主導し核を独占する超大国となった米国が基軸国となっていくのであるが、米国の国際関係論における主要な研究者は、大戦前後に亡命を余儀なくされたユダヤ系の知識人——モーゲンソー、ジョン・ハーツ、アーノルド・ウォルファーズ、ヘンリー・キッシンジャー等——であった。

欧州における冷戦が胎動する一九四八年に『諸国家間の政治』を公刊したモーゲンソーは、国家がパワーを求めること、国家間の対立や紛争が絶えず繰り返され、国家間に勢力均衡が形成されることの本質的な要因を、人間の権力欲に求めた。そして、パワー、国益、合理性という主要な要素を倫理やプルーデンス（慎重さ）と結合させて国家の行動を説明したのである。恒久的な「人間の権力欲」を一般化したモーゲンソーは、「政治的リアリズム」として六つの要素を重視する。第一は、政治関係は人間性に深く根ざした客観的法則に基づいていること。第二は、パワーとして定義される国益の概念（後述）が国家行動を説明すること。第三は、パワーとして定義される国益の内容と、パワーの内容自体は可変的であること。第四は、道義的要求と政治的要求との間の緊張。第五は、ある特定の道義的主張と普遍的道義とを混同してはならないこと。第六は、政治的領域の自律性である（モーゲンソー 一九八六、三―一六頁）。

こうしたモーゲンソーの国際政治理論の特徴は、次のようにまとめることができよう（大畠 一九八九、一七六頁）。

(1) 政治の本質は、「他者の精神と行動に対する支配」であるパワーをめぐる闘争である。
(2) 国際政治も、主権国家のパワーすなわち国力をめぐる闘争である。
(3) パワーとして定義される国益の概念が、国家間闘争の指針となる。
(4) 勢力均衡は相対的な安定と平和を保障する永続的原理である。

(5) 外交は、国家間のパワーを正しく秤量し、勢力の均衡、維持を図ることによって国家の生存を確保するための政治的技術である。

(6) 適切な外交と勢力均衡により、国家はその生存と安全保障という死活的な国益の確保に努めるべきである。

ここから古典的リアリズムの「三原則」が抽出される。第一は、国際関係は、ウェストファリア会議以降に確立した主権を有する国家から構成され、主権国家のみがアクターであること。第二は、国家は単一な主体として行動し、パワーとして定義される国益を追求すること。そして第三は、国家の政策目標の中で最も重要な課題は、アナーキー（無政府状態）の国際環境のもとで自己の生存を図ることであり、それゆえ安全保障問題が最も重要なイシュー（争点）となること。したがって、軍事・同盟や安全保障問題は高次元の政治（ハイ・ポリティクス）、それ以外の経済や社会問題は低次元の政治（ロー・ポリティクス）と見なされる。

2 リアリズムの国家行動観とその批判

パワー・ポリティクスとして認識されるリアリズムの国家行動観は、**合理性仮定**（rationality hypothesis）、**パワーとして定義される国益**（national interest defined as power）、**ビリヤードボール的解釈**（billiards-ball interpretation）という三つの特徴を持っている。第一の合理性仮定とは、国家は単一のアクターであることから、政府の政策決定者は、それぞれの選択肢を評価し、効用を最大化できるものを選択する、という仮定である。通常、合理的な政策決定には次のような条件が含まれている。すなわち、(1)目的の表明、(2)国家が利用できるものでその時点で実現可能なすべての選択肢の検討、(3)それら選択肢による目標達成の相対的可能性の検討、(4)各々の選択肢に関してその利益と費用の検討である（ビオティ・カピ 一九九三、二二頁）。

第二は、パワーとして定義される国益という概念であり、国家行動は常にパワーとの関連において展開されるという前提に立って分析することにより政治の合理的理解が可能となるとされる。国家は、歴史を通じて相対的に普遍的な「死活的利益」としての国家の生存、すなわち安全保障を追求すべきであり、その他の利益、例えば、世論あるいは政策決定者の私的利益は合理性に欠くものであり、追求すべきでないことになる。

第三は、国家行動のビリヤードボール的解釈である。国家は対外的刺激に対して一様に反応する、または、パワーとして定義される国益を求めて合目的的に行動すると考えられる場合、国内状況はブラック・ボックス化しても不都合ではないことになる。国家同士の衝突を単なる玉突き現象として理解していることから、ビリヤードボール・モデルとも呼ばれている（Wolfers 1962, chapter 1）。上述の合理性仮定が認められ、政策決定が一様に合理的に行われるのであれば、政策形成過程の検討は不必要となる。

こうしたリアリズムの国家行動観を代表するものに、ゲーム論を駆使して国際システム論を展開したモートン・カプランの研究（Kaplan 1957）と、対外政策の一般理論をめざしたジョージ・モデルスキーの研究（Modelski 1962）がある。カプランは、国際システムの理念型から国家の行動ルールを抽出する方法を提示し、行動ルールの法則性を重視した。例えば、勢力均衡システムにおける基本行動ルールとして、①国家は自己の能力を増大しようとするが、戦争よりも交渉による解決をとる、②自己の能力増大の機会を見逃すより戦争に訴える、③同盟関係または単独アクターが他のアクターに対して圧倒的優位に立つのを阻止しようとする、などが含まれる。一方、モデルスキーは、対外政策の目的を「自国に有利になるよう利益を極大化し、不利になる事態を極小化することである」と断定し、政策決定過程の一般化をめざした。このモデルスキー・モデルによれば、対外政策とは、利益の極大化と目的の実現化のために四つの変数（パワーの入力、パワーの出力、利益、目的）を操作する作業となる。ここでの中心概念は疑いもなく「パワー」である。

しかし、冷戦が開始され、モーゲンソーに代表されるリアリズムの国家行動論が国際関係論の主流になり始めると、狭小な国家行動論を中心としたリアリズムに対する批判が浮上してくる。第一の批判は、国際関係を説明する上で歴史を重視する伝統主義派からの批判であり、モーゲンソーのパワー一元論に集中する。問題は、モーゲンソーの政治的リアリズムが「人間性悪説」に基づいて全てをパワー概念で説明しようとする点にあるが、人間を多元的な存在と捉えるとパワーの性格も多元的に解釈できることになる。この問題には次の付随的批判が含まれる。①パワーの基礎となる国力の測定が困難である、②実際の政策としての勢力均衡は軍備拡大を招きやすい、③イデオロギーや道義を軽視しやすい、④均質的な西欧国際体系の説明には良いが、非西欧世界への導入は難しい、⑤パワーを求めての闘争は武力紛争の可能性がゼロである米国とカナダ、または地域統合をめざす欧州諸国関係を説明できない、の五点である（大畠 一九八九）。

第二は、行動科学アプローチの観点からのリアリズム批判である。行動科学アプローチとは、すべての社会現象は人間の行動に基づくものであるという認識の下、人間の行動を科学的に分析する手法を意味している。その目的は、中立的な立場から人間行動を客観的に検証し、パターンの発見を通じて、人間行動の予測を行うことである。その特徴は、変数の数量化、仮説の検証、因果関係モデルの構築である。このアプローチを国際関係に適用すると、国家行動の科学的研究が可能であるとされ、それは一九五〇年代から六〇年代にかけて盛んになり、様々な成果が出された。例えば、パワー概念の曖昧性を批判し、それに代わる客観的で操作可能な分析概念を追求したカレヴィ・ホルスティは、潜在的パワーとしての「能力」と顕在的パワーとしての「影響力」という概念を提示した。また、国益に代わる概念としては「目的」が導入されている（ホルスティ 一九七二）。

その結果、モーゲンソー批判の文脈の中で、行動科学的国際関係論が隆盛すると、伝統主義研究者との間に「**第二の大論争**（the second great debate）」が展開される。その争点は、「行動科学理論は、科学のパースペクティブを採用することによって、厳密な分析対象を設定し、再帰パターンを重視し、説明的予測理論を志向しているのに対し、伝統主義は、歴史的パースペクティブを適用し、国際関係における相互の個別性を強調し、知恵や直観能力の必要性を主張する。伝統主義理論は、社会科学の科学性を否定してはいないが、行動科学は自然科学における厳密な科学性を求めている」（星野 一九九七、一一三頁）、と要約できよう。しかし、この論争は、国際関係の本質に関してではなく、方法論に関しての論争であったこともあり、それほど大きな論争ではなかった。そして、デーヴィッド・イーストンによって「脱行動科学革命」が宣言されると、この論争も終息していく。

2—ネオリアリズムの国家行動観

以上のリアリズム批判に対して、ウォルツは一九七九年に『国際政治の理論』を発表し（Waltz 1979）、ロバート・ギルピンは一九八一年に覇権国が周期的に登場するという「**覇権サイクル論**（hegemonic cycle theory）」を打ち出して、リアリズムの再構築を行った（Gilpin 1981）。ギルピンは、リアリズムの現状維持的偏重や継続性重視に関する批判に対して、システム変容のダイナミズムを取り入れた「**覇権安定論**（hegemonic stability theory）」を確立する。覇権安定論とは、国際公共財を提供する圧倒的に強力な国家が存在する時に国際システムは安定するというものであり、ネオリアリズムの中核的な概念となっていく。一方、ウォルツは、理論の精緻化にあたり、**簡潔さ**（parsimony）を追求し、モーゲンソーらの古典的リアリズムを改良した演繹的理論（国際構造論）を完成させたのである。ここでは、代表的なウォルツのリアリズム論を検討するが、ウォルツの国際政治理論は古典的リアリズムとどのように異なるのであろうか。

1　ネオリアリズムの構造主義

まず、ウォルツが「国際構造論（international structure theory）」を構築するに至った動機と意図を整理しておこう。ウォルツは次のようにまとめている。(1)これまでのリアリズムよりも一層厳密な理論を構築すること、(2)国家を中心とするユニット・レベルと国際システムを中心とする構造レベルの峻別をすること、(3)国家の属性から対外行動を説明する「内から外へ（inside-out）」的分析方法の欠陥を指摘すること、(4)国際システムの変化に伴う国家行動の多様性を説明すること、(5)経済・軍事問題に関する事例研究を行うこと、である（Waltz 1986, 322）。国際構造論の最も顕著な特徴として、モーゲンソーが人間性に由来するとしたパワーを国際システムの構造に置き換え、徹底した構造主義観に基づいて演繹的国際政治学を構築した点が挙げられる。そこには、モーゲンソーがパワーを国家の最終目標と規定しているのに対して、ウォルツはパワーを生存確保のための一つの手段として捉えているという相違が存在している。

その結果、国際システムの自律性を重視するウォルツは、カプランやスタンレイ・ホフマン、リチャード・ローゼクランス等の国際システム論を、ユニット・レベルと構造レベルの要素を混合し、全ての要素を構造に取り込む「還元主義」として強く批判した。ウォルツによれば、「システムの異なるレベルの区別を曖昧にしてきたことが、これまでの国際政治論の発展を阻止してきた」（Waltz 1979, 78）のである。そして、ユニット・レベルと構造レベルを峻別したウォルツは、国際構造をその秩序原理、国家の差異とその機能分化、そして国家間の諸能力の分布という三つの観点から説明する。秩序原理は、国際システムのアナーキー性を重視することから、国家の行動原理は自助となり、その結果、国家行動は類似してくると理解される。つまり、国際社会における国家の差異とその機能の分化は考慮する必要がなくなることを意味する。したがって、「パワーの相対的配置として定義される構造が国際社会の実質的な特性を決定するのである」(Waltz 1979, 46)。

特に、国際システムの構造要因を重視するウォルツは、核兵器の役割と二極安定論を強調し、アナーキーが国家の国際協調行動を阻害すると主張する。その理由として挙げられ論争の的になったのが「**約束遵守**(compliance)」の問題と「**相対的利得**(relative gain)」の問題である。約束遵守の問題とは、全ての国が協力の約束を守るという保証が与えられない限り、協力行動は取りがたいという問題である。相対的利得の問題とは、各国は常に自国の相対的パワーを維持しようと行動することから協調行動を取りがたくするという問題である。換言すれば、国家が協力することで得られる利得の大きさや程度を問題にする視点(絶対的利得)に対して、他国との比較において、得られる利得の差を問題にする視点(相対的利得)である。

ミクロ経済学の市場理論と企業行動論をそれぞれ国際政治理論と対外政策理論に対応させながら、科学的な国際政治学を確立しようとした点も、ウォルツ・モデルの特徴である。それは、いくら企業の行動を理解しても市場のダイナミズムが理解できないように、国際政治は対外政策の単なる総和ではないことを意味している。ネオリベラリストのロバート・コヘインは、ウォルツの国際政治理論を「科学的発見のため、簡潔かつ演繹的精緻さを誇る手法」であるとしてこれを支持した(Keohane 1986, 167-168)。

その結果、国際システムの構造を重視する国際政治学が国際関係論の主流となり、少なくとも米国において、そのようなアプローチを採る研究者を「ネオリアリスト」と呼ぶようになる。その研究プログラムはおおむね次のような相関関係から成っている。すなわち、国際システムの特徴が構造的なアナーキーの状態である限り、国家は安全保障を最優先することになり、防衛策としての自助政策が求められ、対外的には勢力均衡策が追求されることになる。

ここから帰結する論点は、国際システムにおけるアクターの変化や相互作用は、アクターの国内的な属性からは説明できず、システム自体の属性によって説明されなければならない、ということである。それでは、ウォルツによって代表されるネオリアリズムは一般的にどのように定義できるのであろうか。[2]ネオリアリズムの定義は、構成要素と仮定群という観点から整理することが可能である。

まず、ネオリアリズムの構成要素は、ネオリアリスト個々人の解釈の相違から多様な要素が含まれるが、ここでは共有される最低限の要素として次の六点を挙げておきたい。

(1)　国際関係における最も重要なアクターは国家であり、最終的意思決定は国家によってなされる。

(2)　国家は安全保障の強化またはパワーの最大化を目指す合理的な主体であり、自らの合理的計算で合目的的に行動する。

(3)　国際システムの秩序原理はアナーキーであり、秩序だった国内状態とは決定的に異なる。

(4)　アナーキーの下に置かれる国家の行動原理は、自国の安全保障を他国に依存する危険性から、自助となる。

(5) したがって、戦争の回避と国防・安全保障が最も重要な課題である。

(6) 生存への脅威に対処するために国家は同盟を駆使した勢力均衡を求める。

また、仮定群という観点からネオリアリズムを特徴づけると、次の三つの仮定が強調されていることが理解できる。第一に、ネオリアリズムの最大の特徴は、国内政治と国際政治とを峻別することである。なぜならば、前者には政府があり統治が可能であるが、後者には、政府が存在せず統治のないアナーキー状態であるからである。これを敷衍《ふえん》して言えば、国内政治と国際政治とは根本的に違うのであるから、後者に前者のモデルを適用することを拒絶することになる。構造とユニットとを厳密に峻別することにより初めて、両者の相互関係が分析できるからである（Waltz 1979, 40, 78-82）。

第二は、安定した選好の仮説である。すなわち、アクターの選好をモデル外生的に設定することにより、「アクターは安定した選好をもつことにより、合理的な決定を行う」ことができるとする仮定である。これは、アクターが決定に際して考慮する制約条件と決定の結果としての行動を理論的に説明するために設けられた合理性仮定の主要な要素になっている。例えば、あるゲームが成立するためには、プレーヤー同士がゲームの手順や基本設定（選好、情報、戦略）を事前に了解している必要がある。そうでなければ、戦略的状況が成立しないばかりでなく、ゲーム自体が実行不可能になるからである。

第三は、権力闘争による説明ではなく、国際システムが国家行動を規定するという仮定である。ウォルツは、国際システムの秩序原理としての「アナーキー」と「国家能力の分布状況」を構成要素とするものとして、構造を捉えている。つまり、アナーキーの状態が諸国家をして合従連衡させ、国家能力の分布が相互作用の方向性を決定するのである。例えば、国際組織、軍事的・経済的相互依存、同盟関係などのプロセスに対してきわめて大きな影響を及ぼすからである。もちろん、ウォルツは国内要因が決して国家の対外行動に影響を与えることはないと主張しているのではない（Waltz 1979, 26）。そうではなく、ウォルツは、理論の簡潔さを追求するためには、複雑な要因が絡み合う国内プロセスを変数にすると、異なる国内プロセスであっても戦争や紛争が継続して生起する現象を理論化できないと考えるからである。

2　防衛的リアリズムと攻撃的リアリズム

一九八〇年代後半にリアリズム内部における論争が惹起された結果、リアリスト達が「**攻撃的リアリズム**（offensive realism）」と「**防衛的リアリズム**（defensive realism）」とに二分されることになった。リアリストの中でも、アナーキー下において国家は現状を維持しようとすると考える者を防衛的リアリスト、国家は相対的パワーを極大化しようとすると考える者を攻撃的リアリストと呼ぶようになった。例えば、「国家の第一の関心はパワーの極大化ではなく、システム下における国家の立場を維持することである」（Waltz 1979, 126）と捉えるウォルツは防衛的リアリストと呼ばれ、「国際システムは攻撃への強力な動機を生む」（Mearsheimer 2001）とするジョン・ミアシャイマーは攻撃的リアリストと呼ばれる。

最初にこの区分に言及したジャック・スナイダーは、「攻撃的行動が安全保障に貢献すると考えるものが攻撃的リアリズム、そうでないと主張するものが防衛的リアリズム」(Snyder 1991, 12) と定義した。

より具体的に、両者の相違は次のように整理できよう(赤木・今野 二〇〇〇、三〇頁)。すなわち、攻撃的リアリズムとは、国際システムの制約の下で現状を打破しようとする修正主義国家が相対的パワーの最大化を追求する点を強調するのに対して、防衛的リアリズムは、国際システムの不確実性(制約は強くない)、**安全保障のディレンマ** (security dilemma) の存在、および安全保障の追求を強調する。安全保障のディレンマとは、軍備競争に見られるように、自国の防衛のための軍備増強が他国への脅威となり、脅威を受けた国が軍備増強を行うと、際限のない軍備競争に発展してしまうことから、結局は自国の安全保障を確保できない状況を意味する。換言すれば、攻撃的リアリズムは、アナーキーの圧力が国家を刺激して攻撃的な行為をとらせるとする。それに対して、防衛的リアリズムは、安全保障のディレンマが過度に高まるときに国家は攻撃的行為をとるが、そうでない場合は、現状維持の政策を志向するとする。両者の相違を決定する要因は、国家が安全保障の最大化を求めるのか、それとも相対的パワーの最大化を求めるのか、である。

攻撃・防衛論争は現在進行中であり、今後の展開を注視する必要があるが、現段階での要点を整理すると以下のようになる。エリック・ラブスは、防衛的リアリズムよりも攻撃的リアリズムの方が国家行動のより正確な説明を提供し得るとし、対外行動論を構築する上で求められる戦争目的の拡張現象に関する事例を分析している。彼の主張は、国家が対外目的を拡張するのは、国際システムにおいて安全と生存が確保できないことから、国家は、行動することによる利益がそのコストを上回る場合、相対的パワーと影響力を極大化することにより安全を最大化しようとするというものである（Labs 1997）。これに対して、ジェフリー・タリアフェロは、防衛的リアリズム仮説を四点に整理し、攻撃的リアリズムとの相互補完性を訴えた（Taliaferro 2000-2001）。すなわち、第一に、安全保障のディレンマはアナーキーの本質的な特徴であること、第二に、地理的近接性や、資源の入手可能性、軍事技術の攻撃・防衛バランスなどの要因を意味する「構造修正因子（structural modifiers）」は、特定国家間の安全保障のディレンマの度合いに影響を与えること、第三に、物質的パワーは、リーダーの計算や認知を通じて国家の対外政策を誘導すること、そして、第四に、国内政治は、対外環境への国家の反応の効率を制限することができること、である。(3)

3――ネオリアリズムと対外行動

ウォルツに代表されるネオリアリズムは決してウォルツの『国際政治の理論』に収斂するわけではない。むしろ、ウォルツ的な構造的リアリストは今日、少数派に属すると言っても過言ではない。この意味で、ジョン・ギャディスが彼の論文（Gaddis 1992-1993）において、「冷戦の終焉を説明するうえでのリアリズムの失敗」を宣言したことは、決定的な転機であったと言えるであろう。なぜならば、その後ユニット・レベルの捨象問題を中心としたパラダイム論争を通じて複数のリアリズム学派が出現することになるからである。ここでは、体系的な国家行為論をめざすリアリズム、新古典的リアリズム、戦略的選択アプローチを取り上げることにしたい。

最初に体系的な国家行為論をめざしたネオリアリストは、マイケル・マスタンデュノ、デーヴィッド・レイク、ジョン・アイケンベリーである。彼らは、「国家行為のリアリズム論をめざして」という論文で、国内政治と国際政治を架橋するために、国家行為論の構築の必要性を訴えた（Mastanduno, Lake, and Ikenberry 1989）。ロバート・パットナムによる「ツーレベル・ゲーム」（本書第4章第4節を参照）が示すとおり、これまで主にリベラリストが国内要因と国際要因の統合化を試みてきたことから、リアリストによる架橋アプローチは可能なのかが注目されてきた。その統合化要請に応えるために、マスタンデュノらは、国家と政策決定者の活動と選択を重視した一つの有力な分析枠組みを提示したことになる。すなわち、政府を媒介変数とし、国際政治と国内政治をリンクさせたモデルである。彼らの出発点は構造的リアリズムの限界を乗り越えることであった。構造的リアリズムが国内要因を考慮していないことから対外政策研究が阻害されてきたとする批判に対して、国家行為を説明するためには、構造的リアリズムと古典的リアリズムの良さを統合することが必要であると主張した（Mastanduno, Lake, and Ikenberry 1989, 461）。

マスタンデュノらの研究によると、国家行為には二つの顔があり、一つは、国際的目標の追求のための国内戦略であり、もう一つは、国内的目標の追求のための国際戦略である。そして、この二つを統合させるのが、「国家の目標は生存である」という構造的リアリズムの仮説である。第一に、パワーと富の追求が国家目標となり、それを達成するための国内戦略は、国内動員（資源の動員）と資源の抽出（extraction）とによって形成される。第二に、支持の維持と反対（不支持）の克服が国家の国内的課題となり、対外目標を達成するための国際戦略には、対外的抽出と対外的確認（validation）とが含まれる。例えば、国際的に強く国内的に弱い国家は、海外からの資源抽出を追求する。米国の場合では、国際的なパワーに基づき、競争力のある国内産業の力を利用して、国際的地位の向上を図ると説明できよう。しかし、この分析枠組みに沿った研究がこれまで行われていないため、現時点での評価は難しいが、リアリズムの観点から国内要因を取り入れて国家の行動を理論化しようとした意欲は高く評価できよう。

こうしたネオリアリズム内における活発な議論を通じて、ウォルツを超えようとする「新古典的リアリズム」と呼ばれる新たな学派が登場する（Schweller 2003）。彼らは、異なる政策決定者がシステム上の圧力を主観的に捉え、異なる政治構造に起因する動員能力に規定される形で対外政策を追求すると解釈し、ユニット・レベルを加味した国際政治理論の構築を目指すようになる。なぜウォルツを超えようとするのか。これまでにも言及したとおり、ウォルツの構造的リアリズムは、「僅かな仮説で国家行動を説明する」ことをめざしたことから、構造が与件であり、構造自体がいかに変化するのかを問題にすることなく、さらに、国家内部の特徴を考察することもなく、システムの変化が国家行動とその結果に影響を与えると想定している点に特徴がある。換言すれば、パワーの配分から国家行動を説明しようとするものであるが、その際、明らかに次の仮定を設けていることになる。第一に、国家が安定した選好を有していること、第二に、国際システムが完全にアクターの行動を決定すること、である。

したがって、ウォルツを超えるためには、構造要因だけでは説明がつかない国家行動の多様性を説明する必要がある。この課題に挑戦したのが新古典的リアリストであり、ファリード・ザカリア、エサン・カプステイン、コリン・エルマン等の若手研究者が強調した研究作業である。国際システム要因だけで国家の行動を説明できるかというリアリズムの対外政策論を最初に議論したのはザカリアであった。彼は、一九九二年の「リアリズムと国内政治」という書評論文で、ジャック・スナイダーの『帝国の神話』(Snyder 1991) を評価しながら、リアリズムに国内要因を加味した「対外政策論」の探究が不可欠であることを強調した (Zakaria 1992)。一九九五年になると、多くの完成度の高い研究成果が出現し、それらを書評したカプステインは、「リアリズムは死んだのか」と表現したほどであった (Kapstein 1995)。もっとも、こうしたリアリストによる「対外政策論」はリアリズムの終焉を意味するものではなく、リアリズムを補強する重要な試みとして理解すべきであるとカプステインは主張している。

さらに、エルマンは、リアリストによる具体的な「対外政策論」の必要性を強調し、ウォルツとの間に論争を起こすことになった (Elman 1996)。彼は、なぜリアリズムは対外政策論になりえないのかという疑問に対するリアリスト達の解答を以下の四点に集約し、それらを一つずつ反駁するという手法をとっている。その四点とは、第一に、リアリズムの内的論理は一つの最適な国家行動を予測できない、第二に、複雑な国家レベル要因を介入させると国家行動の予測が不可能となる、第三に、リアリスト・モデルは、ある選択が次の選択に影響していくという漸次的選択メカニズムに依拠しているため、予測ができない、そして第四に、従属変数がきわめて一般的であり、行動予測には適切でない、である (Elman 1996, 12)。エルマンは、これらのネオリアリスト達の反論は正しくないとし、以下のような評価を与えている。すなわち、第一の反論は正しいが、末梢的な問題であり、第二の点については、国内要因を加えたリアリストの研究の中には国家行動を説明しているものが存在しており（例えば、新古典的リアリスト）、第三点に関しては、リアリスト達は合理性仮説を用いていることから、漸次的選択メカニズム仮説は正しくなく、そして第四点については、パラダイム論争やリアリスト間の議論を通じて次第に従属変数の明確化が行われているというものである。特に、第二点の国内要因を加える問題点として、①リアリズムの簡潔さを犠牲にする、②リアリズムの仮定を排除する、③リアリズム理論の「後退」になる、の三点が挙げられているが、エルマンは単一レベル分析よりは複数レベル分析のほうが望ましいとして、こうした非生産的な議論に終止符を打つべきであると主張した。

エルマンに対するウォルツの反論は、いたってシンプルであり、一国の対外政策や二国間の相互作用の研究をいくら積み重ねても国際政治全体を説明するものにはならないというものである。またそうなる必要もない、なぜならば、対外政策と国際政治とは次元の異なる現象であるからであると主張する。ウォルツ流の比喩を使うと次のように表現できよう。「私の年老いた競争馬は〔対外政策という〕コースを走ることができず、もしトライしたとしても勝利することはできないであろう」（Waltz 1996, 54）。実際、ウォルツが認めるとおり、国際政治のリアリズム理論は、いかに国際要因が国家の行動を形成するのかを説明するものであるが、国内要因の効果については言及していない。もし完全な理論を求めるのであれば、国家の行動、国家間の相互作用、そして国際的な帰結を全て説明できる理論となろうが、これは不可能に近い。経済学においても企業論と市場論とが並存しているように、国内政治と国際政治との並存は、両者の統合化された理論が開発されるまで、続くことになろう（Waltz 1996, 57）。

こうした中で、新古典的リアリズムが台頭し、対外行動論を目指すことになる。一九九七年のギディオン・ローズによる「新古典的リアリズム」の議論はその動向を知る上で示唆的である（コラム3を参照）。ローズは、その背景として、ウォルツのネオリアリズムが国際システム重視の理論であり、国家の対外政策を対象外としてきたことへのリアリスト達の反論を重視している（Rose 1998）。例えば、トーマス・クリステンセン、ランドール・シュウェラー、ウィリアム・ウォールフォース、ザカリア等の研究は、国際システムの構造とその帰結に関するウォルツの視点は保持しつつ、対外政策を重要視していた古典的リアリズムの再評価を行い、いわゆる第一イメージ（個人レベル）と第二イメージ（国家レベル）の分析レベルを取り入れた。システム・レベルの要因と国内レベルの要因を一体化することを試みたリアリズム理論である（Snyder 1996）。換言すれば、ウォルツの「簡潔さ」を失わない程度に政策決定者の意図や動態を統合しようとする試みである（Telhami 2002）。次節では、新古典的リアリズムを代表する三つの研究を詳述しながら、その特徴と問題点を明らかにしたい。

4—事例①　新古典的リアリズムと対外行動

まず、スナイダーの『帝国の神話』（Snyder 1991）は一九世紀以降の主要大国による対外的過大拡張の要因分析を行った画期的な研究である。彼は、三つの既存理論（リアリズム、認知論、国内要因分析）の妥当性を歴史的事例に照らして検証しようとした。リアリズムによる説明は、アナーキーに対する合理的な対応を重視するパワー・ポリティクスに基づき、国家は国際システムの圧力に反応する形で行動するという点を重視するものである。認知論によると、政策決定者の学習に影響を与える信条体系とバイアスが国家を対外拡張へと導くことになる。そして、国内要因分析の説明によれば、国内政治の状態や圧力から、国家は対外拡張をするとされ、特に連合政治とイデオロギー（「戦略的神話」）が決定的な役割を果たすと仮定される（Snyder 1991, chapter 2）。

スナイダーは、なぜ国家は対外的に拡張するのかを解明するために、国内集団、特に官僚制の利益、彼らが対外拡張を正当化するために作り上げた「戦略的神話」、アクター間の連合形成過程とログローリング（政治家間の互恵投票などの助け合い）、そして国内構造と工業化のパターンに基づく修正された合理的選択アプローチを提示した。歴史的な事例として、オットー・フォン・ビスマルクからアドルフ・ヒットラーまでのドイツ、戦間期の日本、ヴィクトリア王朝期の英国、そして冷戦期のソ連と米国の対外拡張行動を分析している。リアリズムの限界を乗り越えるためにスナイダーが試みたことは国内要因の導入であり、アレクサンダー・ガーシェンクロンの「先発・後発」工業化という概念を敷衍した「ログローリング連合」という新たな概念を駆使して国家の対外行動を説明することである。換言すれば、国家構造は工業化のタイミングの関数として捉えることができるという点である。例えば、先発工業国の英国と米国は、国内構造が分散化したエリート利益と市民民主主義体制という特徴を有しており、後発工業国のドイツと日本は、利益の集中と寡占的体制が国内体制の特徴であった。そして、前二者よりも遅れて工業化したソ連では、包括的利益を有する単一のエリート層によって支配される集権的体制が形成されていた。

対外拡張の要因を国内政治に求めたスナイダーは、集合行為論と投票行動論を駆使して、「ログローリング連合」という観点から各国の対外拡張を説明する。対外拡張を望むグループは、最初は小グループであっても、共通する選好を有するグループとの連合行為を通じて、そして、「戦略的神話」を操作することにより、拡張決定を不可避にするグループへと成長していくのである。五つの歴史的事例を検証した結果、次のような興味深い点が明らかにされている。①最も寡占的な政治体制下の国家ほど最も拡張しやすく、民主体制の国家ほど拡張頻度は低い。②ドイツと日本は、寡占的でない状況下では最も拡張しない傾向を示し、民主化傾向の状況下で利害の集中化が起こった場合は、最も拡張しやすい。③リアリズムはこれらの国家行動を十分に説明することができず、より完全な理論をめざすためには、パワー、利益、連合およびイデオロギーの要因を統合する必要がある。スナイダーは、「国家指導者の政策決定において、国内的圧力は国際的圧力を多くの場合、凌駕している」(Snyder 1991, 20) と結論づけた。

そして、ウォールフォースの『不安定な均衡』(Wohlforth 1993) は、政策決定者の認知を国家の対外行動分析枠組みの核に据えた研究であり、冷戦の通史にもなっているという労作である。彼は、「一九四〇年代から八〇年代までの大国間緊張の繰り返されるサイクルは類似しており、全ては相対的パワーの不確定性とその政策決定者の認知に深く根ざしている」と主張する（Wohlforth 1993, 301-302）。したがって、問題は、冷戦が米ソ二大国により安定した二極体制下で展開されたのではなく、米国とソ連がどれほどのパワーを有し、どのようにパワーを行使してきたのかという継続的な紛争であったことを意味している。

『不安定な均衡』は次のような構成である。上述の「相対的パワーの認知」を中心に、ソ連の対外行動を歴史的に検証するものであり、第一期の戦争、パワーおよび戦後階層体制という戦後体制に立ち向かう時期（一九四五～一九五三年）、第二期のパワーの認知と危機の時代（一九五六～一九六二年）、第三期のデタントとパワーの相対化（一九七〇年代）、第四期の冷戦後期における新冷戦からの教訓（一九八〇～一九八五年）、そして、最後に、パワー、アイディアと冷戦の終焉、の五期が含まれている。まさに戦後ソ連の外交通史としても価値のある貴重な研究である。全ての時期の要約はここでは不可能であるため、次の一点だけを取り上げることにしたい。ウォールフォースは、一九八三年から八五年にかけて、最後の冷戦サイクルが終焉に向かい、一つの新たなミニ・デタントとして一九七〇年の現状を認め合うことになったと主張する。しかし、一九八五年にミハイル・ゴルバチョフが登場し改革を重視し始めると、その冷戦状況を一変させることになり、冷戦は終焉へと向かうことになったとしている。彼は次のようにゴルバチョフの対外行動を説明する。すなわち、ゴルバチョフは、改革（ペロストロイカ）が対外的な閉塞感やソ連の能力の後退を解決するという確信によって国内再生の一大キャンペーンを開始したのである。換言すれば、それは相対的な衰退の認知と改善できるという確信との結合によって、究極的にはシステムを破壊してしまうほどの画期的な変化に着手したことを意味している。ウォールフォースの主張は、国家がどのように対外環境を理解しそれに反応するかは、政策決定者の認知や国内政治要因を通じてどのようにシステムからの圧力が転換されるのかに依存している、と要約できよう。

最後に、ザカリアの『富からパワーへ』(Zakaria 1998) は、歴史的観点から、リアリズムの対外行動論を追究した、最も完成度の高い研究である。ザカリアによれば、どのように国家の対外拡張を説明するかについては、二つの解答が考えられる。第一は、古典的リアリズムの解答であり、国家の能力がその意図を形成し、国家はパワーに基づいて利益を定義することから、「国家はその相対的パワーが増加したときに国益を拡張する」ことになる。第二の解答は、防衛的リアリズムからのものであり、国家は安全をもとめて行動することから、「国家は不安が増加するときに、対外拡張を追求する」ことになる。しかし、防衛的リアリズムは、「安全」概念の操作化に問題があり、なおかつ政策決定者の認知は主観的な判断に依存していることから仮説を反証できないという問題を抱えている。また、防衛的リアリズムの仮定よりも優る古典的リアリズムにおいても、簡潔さが説明能力を弱めているという問題が残っている。これを解決するためには、国家の能力を分析の中心に据える必要があり、ザカリアはそのようなアプローチを「国家中心的リアリズム」と呼んでいる。換言すれば、社会から自立する国家の役割を重視するアプローチであると言えよう。この観点からすれば、「政治家が国民的パワーでなく、国家パワーの相対的増大を認知したとき、政治家は対外的に国益を拡張しようとする」(Zakaria 1998, 35) という第三の解答が得られることになる。ザカリアの『富からパワーへ』は、一九世紀における米国の対外拡張行動の原因を以上の観点から立証した注目すべき研究である。

事例研究を通じて、「パワーの空白地域」への米国の拡張行動には次のような特徴があったことが明らかにされる。一九世紀半ば以降（一八六五～一八八九年）の米国は、脅威が存在せず、拡張もしなかったのであるが、この間二二回の対外拡張機会があり、そのなかでは国家中心的リアリズムで説明できるものが一五のケース、防衛的リアリズムで説明できるケースが二つあった（残りの五ケースは検証不可能）という結果がでている。そして、一九世紀末から二〇世紀初頭（一八八九～一九〇八年）の米国は、外部の脅威が存在しなかったにもかかわらず、対外的に拡張し続けた。この米国の拡張は、外部の脅威に対してではなく、自国の相対的パワーの向上に比例して拡張政策が決定された結果だと考えられる。つまり、米国はある特定の大国に対抗するために拡張したのではなく、拡張のコストが低い地域に対してのみ拡張を続けたのであり、この点は国家中心的リアリズムの理論と一致する。ザカリアによれば、一九世紀末以降の米国には、三二回の拡張の機会が存在したが、そのうち二二回は国家中心的リアリズムで説明でき、防衛的リアリズムで説明できるのは六回のみであると結論づけた。この結果から言えば、国家中心的リアリズムによる対外政策行動の説明が防衛的リアリズムを陵駕したことになる。したがって、次のような著者の結論は説得力がある。

「優れた対外政策論とは、まず国際システムが国家行動に及ぼす影響を考察することから始めなければならない。なぜならば、最も重要な要因は国際システムにおける国家の相対的な位置であるからである」(Zakaria 1998, 16)。

こうした一連の研究に共通する特徴は、(1)既存のリアリズムが問題としていた議論に取り組み、それを拡大しようと試みている点、(2)一般理論の検証や仮説の設定のために事例研究の方法を採用している点、(3)三つのイメージ(第1章注(1)を参照)の統合を図っている点、(4)国家行動と外交政策に関する重要な問題をテーマとしている点(赤木・今野 二〇〇〇、三五頁)である。しかし、多くの批判も出されている。最大の問題は、国内要因を重視するあまり、リアリズムの命題に抵触する可能性である。ジェフリー・レグロとアンドリュー・モラヴチックは、新古典的リアリスト達の研究はリアリズムの三大命題(①アナーキー下における合理的・単一政治的アクター、②固定され対立的目標を有するアクターの選好、③物理的能力の重視)の第二・第三命題を蔑《ないがし》ろにしている、と批判した(Legro and Moravcsik 1999)。また、ザカリアにいたっては、スナイダーの『帝国の神話』は、「システム要因と国内要因の新たな統合ではなく、単に国内要因説の言い換えに過ぎない」(Zakaria 1992, 463 ; 1998, 32-33)と、彼のアプローチの仕方だけでなく、防衛的リアリズムそのものの妥当性をも批判しているほどである。ザカリアの「国家能力アプローチ」に関しても、はたして一九世紀以外の米国の対外政策に適用できるのか、米国以外の国家にも当てはまるのか、さらには、研究者は必ず国際システム要因の分析からはじめないといけないのか、といった点に関しては、今後の検討作業が必要である(Lynn-Jones 1998)。

5―事例②　戦略的選択アプローチと対外行動

ウォルツ以降のネオリアリストによるもう一つの注目すべき研究は、現時点でのリアリズムによる対外行動論の到達点と言うべきレイクとロバート・パウエルによる『戦略的選択と国際関係』（Lake and Powell 1999）である。パウエルは同時に『パワーの影の下で』（Powell 1999）という合理的選択モデルを駆使しての対外行動論を発表しているが、ここで検討する戦略的選択アプローチは上述した一連のネオリアリスト達による研究の集大成という一面も含んでいる。

レイクとパウエルによれば、戦略的選択アプローチとは、相手の決定や戦略が不明の中で政策を選択せざるを得ないという国際関係全般に見られる「戦略的状況」を再評価する研究作業であるが、グラハム・アリソンの第一モデル（第2章第3節を参照）のように過度に単純化した解釈を是正する必要性や、既存の国際政治理論を進展させる意味から、近年注目されるようになったという。戦略的状況とは、国家による国益追求の能力は他国がどのような行動を取るかに依存しているので、各国家は他国の行動を考慮しなければ政策を決定できない状況である。この戦略的状況に焦点を当てて国家行動を説明しようとするものが戦略的選択アプローチである。このアプローチの目的は、第一に、分析ユニットに戦略問題と相互作用を位置づけること、第二に、**戦略的相互作用**（strategic interaction）のリサーチを構成する方法を示すことである。

国家の戦略的相互作用を解明しようとするこのアプローチには五つの要素が含まれている。第一に、アクターは合目的的であること、第二に、戦略的相互作用が分析ユニットであること、第三に、相互作用を検証する共通の枠組みを提供すること、第四に、理論に対してプラグマティックな解釈をすること、そして第五に、方法論の性格、である。

第一の要素は、合理的選択論の一部であることを意味しており、次の三つの仮説を共有していることになる。第一に、アクターは目的に即した行動をとる。第二に、アクターは戦略的駆け引きを行う。第三に、それにより、相互作用を体系化する枠組みが与えられる、である。つまり、アクターは、合目的的に選択をし、環境を分析し、主観的に定義した目標に最も合致する戦略を選ぶことになる。当然、アクターは完全ではなく、テニス・プレーヤーがボールを打ち返す時、全ての情報に基づいてボールを打つのではなく、合理的・体験的にボールの性質を瞬時に捉え、反応するという、いわば「合理的なテニス・プレーヤー」を想定している。第二要因の分析的ユニットとしての戦略的相互作用であるが、個人であれ、企業や政府、または国連であれ、目標を実現しようとするアクターの能力が他のアクターが選択する行為に依存する場合、その状況は戦略的となる。第三要因の共通の枠組みは、アクターは選好と信条、環境は行為と情報とに分類される。そこから戦略的状況が形成されることになる。すなわち、独立変数としての選好、信条、行為、情報が従属変数としての結果のバリエーションを説明する構図であり、そうした作業を通じて国家行動への効果を分析することができるのである。第四要因は、理論のプラグマティックな性質であるが、ミクロ的な相互作用を積み重ねることにより国家レベルに集約していくことを意味している。理論とは複雑な現実を知的に観察できるものに加工する道具であり、ここでの重要な概念は「箱の中の箱（boxes within boxes）」である。すなわち、一つの現象（箱）をそのミクロ的要素（箱の中の箱）から分析してより高次のレベルでの相互作用を説明する手法を意味している。第五要因は、方法論であり、これには四つの方法がある。第一は、分析レベルに関する不確定性（agnostic）である。第二は、継目無し（seamless web）という国際関係の状態に戦略的相互作用は繰り返し起こること。第三は、「箱の中の箱」アプローチは限定的な均衡論に依存していること。そして、第四は、アクターの属性は外生的（exogenous）に扱われること。

戦略的相互作用を考察する上で必要な要素であるシグナル、コミットメント、情報、リスクから構成される戦略的選択アプローチには二つの特徴が観察される。第一は、「ミクロ基礎（microfoundations）」と呼ばれる四つの要素の設定により、①アクターの願望、②対外目標を追求する環境、③相互作用の結果、の関連性を明らかにすることができる、という特徴である。これまでの国際関係論の欠点として、このミクロ基礎の不明瞭性またはその欠如はたえず分析上の論争になってきた。例えば、国家はアナーキー下の国際社会で相対的利得を求めるのか、それとも絶対的利得を求めるのかという論争（本章第2節を参照）にそれは看取できる。さらには、国家はバランスをとろうと行動するのか、それとも勝ち馬に乗る（バンドワゴン）のかの論争（第6章第2節を参照）も同様である。論争の原因は、戦略的状況の仮説が欠落していることにあるからである（Lake and Powell 1999, 24）。

第二の特徴は、伝統的な分析レベルを解体することである。これまでのアプローチでは、原因の存在するレベルに説明を集中させる（ウォルツの三つのレベル）か、説明される事項によって区別する（例えば、安全保障問題と経済問題）か、または、アナーキーの特徴を持つ国際政治と国内政治とを区別する方法で対処してきた。しかし、この戦略的選択アプローチは、これら全ての区別を関連づけて扱うことができるという長所を持っている（Lake and Powell 1999, 26）。

最後に、レイクとパウエルは、二つの代替アプローチとの比較を行い、戦略的選択アプローチの利点を指摘する。一つは認知的アプローチであり、その分析的方法論は、どのようにアクターが情報を解釈するかによって、行動と結果を説明できるとする。それに対して、戦略的選択アプローチは、別の方法論によって同じ説明が可能である。すなわち、アクター間の情報に関する非対称性、可能な行動と選好に焦点を当てることによって、戦略的選択アプローチはより成功裏にまたより簡潔に説明することができる。もう一つはコンストラクティヴィズムであり、その分析的方法論は、アクターと環境を区別せず、社会化のプロセスに注目し、主体と構造が相互に構成されることから、国際関係のパターンと特徴を説明する。このアプローチでは「多すぎる未知数」が問題となり、一つ以上の「解」が存在しているという説明上の限界があるが、戦略的選択アプローチでは、社会化のプロセスは単一の相互作用において不変であるとし、社会化のプロセスは一回の相互作用においては、「箱の中の箱」が示唆するとおり、与件（独立変数）として扱うが、次のラウンドの相互作用では従属変数になることによって説明される。

これまでの説明で明らかなとおり、戦略的選択アプローチは高度に抽象的であり、事例研究が行われていないため、多くの問題点が指摘されている。例えば、これまでにも戦略的状況と国家の協調行動を分析してきたアーサー・スタインは、レイクとパウエルのアプローチを評価しつつも、以下の問題を挙げている（Stein 1999）。第一は、このアプローチの基盤であるゲーム論にまつわる問題であり、過度の単純化、不完全な因果関係、事後的説明という性格が、その限界であると指摘する。第二は、ゲーム論の規範性の問題である。ゲーム論とは、人々が行動する現実を正確に描写するものでなく、合理的決定を行うために人々が適用すべき手段を明示するものである。そうである以上、実際の国家行動の客観的な説明には限界があるとしている[4]。そして、第三は、選好の規定化の問題であり、研究者の選好の定義が異なることと、選好が構成され変化するプロセスをめぐる見解の相違である。例えば、リアリストの間でも、国家の選好はパワーの極大化なのか生存なのかで議論が分かれているし、生存であったとしても、各国は多種多様に生存の定義を与えている。そして、国家の選好は不変でないと戦略的選択が行えないとする見解と、選好がどのように形成されて変化するのかをモデル化することは可能であるという論争も続いている（Stein 1999, 204-207）。

6―今後の課題

これまで本章ではリアリズムによる対立行動の解明を中心とする対外行動論を検討してきたのであるが、問題は明らかに様々な、そして相反するリアリズムが混在していることである。時系列的には、古典的リアリズム、ネオリアリズム、そして両者を統合しようとする新古典的リアリズムや戦略的選択アプローチへと変化していく中で、防衛的リアリズムと攻撃的リアリズムとに細分化し、さらには国際システム要因に固執するリアリズムと国内要因を重視する対外行動論の可能性を追求するリアリズムとが競合している状況である。本章では、とくに新古典的リアリズムによる対外行動論に焦点を当てながら、多くの事例を確認してきた。その結果、エルマン等が主張するとおり、リアリズムの対外行動論は可能であり、望ましいことが判明した。その中でも特に、レイクとパウエルの戦略的選択アプローチは、大きな潜在的可能性を秘めたものであることから、今後実証研究を積み重ねることによる理論の精緻化が待たれるところである。[5]

しかし、多くの競合するリアリズム論の存在は何を意味しているのであろうか。リチャード・ルボウが指摘するように、多種多様で競合するリアリストの登場は「反証可能性」を蔑ろにしていることを意味しているとして、全面的に否定されるべきであろうか（Lebow 1995）。それとも、「いまだにリアリストは存在するのか」という挑発的な論文の中で主張されているとおり、国内要因を重視するリアリストはリベラリストの範疇に加えるべきであろうか（Legro and Moravcsik 1999）。いずれにしても、パラダイム内部の論争が継続していくことは疑いない。今後の課題として、簡潔さを重視するウォルツの「現実は複雑であるが理論はシンプルである」（Waltz 1997, 913）という言葉を重く受け止めつつも、国内・国際要因を統合した対外行動論の構築を目指すべきであろう。ミアシャイマーの相対的利得を重視する攻撃的リアリズム（Mearsheimer 2007）が勢力を増してきている現在、[6]タリアフェロの主張する防衛的リアリズムと攻撃的リアリズムとの統合を進める鍵を握っている研究分野は、この対立行動の解明を中心とする対外行動論をめぐる一連の作業であると言えるであろう（Taliaferro 2000-2001）。今後の進展が期待される所以である。

コラム3◆リアリズムの対外行動論

表3-1　リアリズムと対外行動

理　論	国際システム観	主体観	関連論理
攻撃的リアリズム	特に重要	無分化	システム要因→対外政策
防衛的リアリズム	時に重要	高度に分化	システム要因か国内要因→対外政策
新古典的リアリズム	重要	分化	システム要因→国内要因→対外政策

ギディオン・ローズが指摘するとおり、パラダイム論争を契機として、多くの新古典的リアリスト達による研究成果が出ている。例えば、(1)どのような条件下で、国家はその政治的利益を国外へと拡大し、また、どのように国家はその相対的なパワーの変化を評価し対外的に適応していくのか (Zakaria 1998)、(2)国家の対外的な行動と国内政治にどのような関係があるのか (Christensen 1996)、(3)政策決定に携わる政治的エリートは、どのように国際政治におけるパワーを認識して政策を考えているのか (Wohlforth 1993)、(4)国家はどのようにして外部環境の脅威と機会に対応するのか、また、その際にはたして異なった方法で異なった対応をするのか (Schweller 1998)、の究明が代表的なものであるが、これらの研究に共通する問題意識として、対外政策における相対的パワーの影響力をどのように解明するかという課題がある。リアリズムの特徴を対外行動論の観点からまとめると表3-1のようになろう (Rose 1998, 154)。

攻撃的リアリズムは、ジョン・ミアシャイマーに代表されるもので、アナーキーの圧力が国家を刺激して攻撃的な行為をとらせる観点を強調する。ケネス・ウォルツなどの防衛的リアリズムは、国家は安全保障のディレンマが過度に高まる時にのみ攻撃的行為をとるが、そうでない場合は現状維持の行動をとる点を強調する。このため、独立変数としての国際システム要因が直接対外行動を説明する。これに対して、新古典的リアリズムは、媒介変数としての国内要因を重視し、システム要因がこの国内要因を介して対外行動に変換される観点を強調する。

第4章 リベラリズムと対外行動

リアリズムが国家行動に対する国際環境の影響を重視しているのに対して、第二の対外行動視座であるリベラリズム（自由主義）はプロセス要因を重視する。戦間期の制度的理想主義（ユートピアニズム）の失敗によって、戦後の国際関係論の主役になる機会を失ったリベラリズムは、リアリズムの問題を批判する形で地歩を築き、地域統合論や政策決定論の分野において顕著な役割を担っていくようになった。しかし、無論、冷戦期においても、リアリズムだけが先進国の対外行動を規定していたわけではない。ジョン・ラギーの言う「埋め込まれた自由主義」は確かに政策決定者の「戦略的計算」の中に位置づけられていたからである。そうでなければ、国際連合の設立、GATT体制の始動や欧州における地域統合の動きが冷戦期に進展してきた事実を説明することができない。本章では、まず様々なリベラリズム理論の整理を行い、プロセス要因を重視するリベラリズムの国家行動観を確認しながら、ネオリベラリズムの台頭とその問題点を明らかにする。そして、ネオリベラリスト達が試みる「ツーレベル・ゲーム」やアイディア・アプローチの適用事例を通じて、対外行動アプローチの可能性を探究する。

1—リベラリズムの国家行動観

リベラリズム（自由主義）とは、「自由思想・競争を政治、経済活動に反映させること」である、と一般に解釈される。換言すれば、資本主義の経済、議会制民主主義の政治を軸とするものがリベラリズムであると言えよう（藤原 一九九三）。その基本的立場は、個人の自由の保障と国家権力の制限であり、経済的諸力の自由な作用、そして社会全体が自由競争を展開することによって実現できる「利益の自然的調和」を重視するものである。ジョン・グレイは、「すべての古典的な自由主義思想家によれば、個人の自由への支持は私有財産と自由市場の制度の承認を含意している」（グレイ 一九九一、九五頁）と述べ、自由主義を構成する要素として、(1)個人主義、(2)平等主義、(3)普遍主義、(4)改革主義の四点を強調している。先駆者として、『市民政府論』を著したジョン・ロックや『国富論』のアダム・スミス、『永遠平和のために』のイマニュエル・カント等が挙げられる。特に、一七九五年に書かれた『永遠平和のために』において、カントは、国際組織（国家連合）、経済的相互依存、そして民主主義体制（共和制）の重要性を強調するなど、国際的なリベラリズムの基礎を築いた。実務面においても、米国のウッドロー・ウィルソン大統領は、国際連盟の提唱に見られるとおり、国際組織重視の理想主義的なリベラリズムを実践した(1)。

「ウィルソン構想」の失敗は周知のとおり、第二次世界大戦後、大きな影響をリベラリズムに与えることになる。最大の問題はリベラリズムの集大成が大幅に遅れたことであろう。実際、リアリズムを集大成したハンス・モーゲンソーのような「救世主」の出現をリベラリズムが待望していたとすると、一九九〇年代後半までその期待は裏切られることになった。ようやく統合化への兆しが見えるようになったのは八〇年代後半のパラダイム論争を契機とする時期以降である。[2] リアリズムと対比しつつ、チャールズ・ケグリーは以下の七点がリベラリズムの特徴であるとしている。(1)人間の本性は主に善であるかまたは利他主義的であるがゆえに、人間同士の相互支援と協調が可能である、(2)他者の福祉に対する基本的な人類的関心は進歩を可能とする、(3)悪しき人間行動は、利己的に振る舞い戦争を含む悪行を誘導する悪しき制度と構造的配置の産物である、(4)戦争は必然でなく、それを起こさせるようなアナーキー的状態を是正することにより、その頻度を減少させることができる、(5)戦争と不正義は国際問題であり、国家の個別的努力よりも多国間の集団的努力が要求される、(6)戦争を引き起こすアナーキーを解消するために国際社会を制度として認めるべきである、(7)世界的な変化と協力は可能であるだけでなく、実証的にも普及力のあることを歴史が示唆していることから、以上の目標は現実的である（Kegley 1995, 4）。

モーゲンソーやモートン・カプラン等のリアリストによる国家行動観は、合理主義を重視したものであったが、一九五〇年代から六〇年代にかけてのリベラリストは、一般的に「政策決定者の限定的合理性」と「対立よりも協調」を重視した。例えば、周知のとおり、一九五七年に公刊されたハーバート・サイモンの『人間のモデル』（Simon 1957）は、人間の「限られた理性」を認知し、人間は「願望水準の充足化」を志向するというモデルを初めて提唱し注目された。また国際統合論で展開された議論は、

「機能的で非政治的な分野の国際統合が進展するにしたがい、国際平和の見込みが増大する」というものであった。特に、国際統合論者は、新機能主義（neo-functionalism）アプローチを提唱して、国家がどのように協調的な行動をとるかを理解することが重要であると主張した（Haas 1964）。

別の観点から言えば、リベラリズムは、国際政治の過程は国内政治過程と近似しているという**多元主義**（pluralism）に近い思考を併せ持っていることになる。ポール・ヴィオティとマーク・カピによれば、多元主義には三つの仮定があるという。すなわち、①国家は中立的な調停者、②利益が自然に調整される可能性、③政治過程には公衆も関心を持って参加し、エリートだけに限られない、である（ビオティ・カピ　一九九三、第三章）。より具体的に言えば、利益団体間の紛争と競争が重要な役割を果たし、個人は利益団体を形成して、反対する団体や連合を圧倒しようと試みる。この過程の結果として、政府の政策決定者が権威的選択を行うのである。そこには「国家や社会が一枚岩ではなく、競争や対立から調和が生まれる潜在的可能性」を信じることから、分析の焦点は国家よりも個人や集団間の競争の方に当てられる、という特徴が看取できるであろう。

多元主義者は、国家の行動を説明する上で政策決定過程の分析が必要であると主張する。例えば、第2章で見たように、リチャード・スナイダーの対外政策アプローチがそうであった。スナイダーにとって、国家の行動は「国家の名のもとに行動する政策決定者が取るもの」（Snyder, Bruck, and Sapin 1962, 65）であった。スナイダー・モデルは多くの事例研究を生むことはなかったが、一枚岩的な国家観の「神話」を打ち破ったことは事実であり、評価される。同様に、アリソン・モデルも組織と官僚政治を強調することにより、国家が単一であり合理的であるとするリアリズム観を否定するものである。特に、組織過程モデルと官僚政治モデルは、国家による決定と行動が整合性のとれた統一的なものではない点を明確化させたという意味で重要な視点を提供した。換言すれば、国家の行動は、どのような利益を持った社会勢力が支配的となるかによって決定される。したがって、国家は単一な合理的アクターではなく、むしろ社会勢力の影響力の反映であり、その行動も合理的とはかぎらない。

以上の説明から、リベラリズムの特徴として国内政治過程（プロセス）を重視していることが明らかになる。プロセス要因とは、国家を単一で一枚岩的なアクターと認識せずに、ブラック・ボックス内部の分析、特に政策がどの国内アクターの行為によって形成され決定されるのか、を意味している。リベラリズムが国際関係のミクロ分析と言われる所以である。リアリズムのビリヤードボール的解釈とは対照的に、多元主義で想起されるのは「蜘蛛の巣」イメージである（ビオティ・カピ 一九九三、一四七頁）。蜘蛛の巣イメージとは、国家だけでなく、多国籍企業や国際金融機関のような非国家アクターや、欧州連合（EU）や東南アジア諸国連合（ASEAN）のような国際組織の行動や相互作用を含むものであることから、相互依存の進んだ世界情勢をより正確に把握できる、という利点がある。

もちろんこうした多元主義に基づくミクロ的な国家行動観に対する批判は多い。特に、アナーキーと安全保障のディレンマの役割、そしてそれらが国家に及ぼす影響を軽視する姿勢が批判されている。すなわち、「内から外へ《インサイド・アウト》」的なアプローチに内在する問題である。最も深刻な問題は、リベラリズムの分析が認知、小集団、官僚政治などの部分理論に特化することにより、一般理論化を犠牲にしていることである。この意味で、ヴィオティとカピの次の評価は正しいと言わざるを得ない。「理論群（ミクロ理論）を単に足してみるだけでは一般理論にはならない。多元主義者は多くの現実主義者がそうするように、システムから始めてその構成単位への影響力を評価していくという方法はとらない。その代わり、システム内の部分をある程度ひとつにまとめるよう努める。しかしこれは決して容易ではない」（ビオティ・カピ　一九九三、一五八頁）。

2―相互依存・制度とネオリベラリズム――国際協調をめぐって

ミクロ的・分散的なリベラリズムは、冷戦初期において統一的なパラダイムになりえなかったが、一九七〇年代に入ると、米ソ冷戦の二極構造に変化が起こり、相互依存やデタントが強まった状況下でその蘇生が始まる。いわゆる「利益の予定調和」からの脱却と「市場の失敗」を意識するネオリベラリズム学派の台頭である。新しい学派の議論は第一に、「**国際協調**（international cooperation）」の可能性、第二に、民主主義による平和の可能性という方向に収斂していくことになる。

1　相互依存の世界――国際レジームと制度

実際、脱国家現象（トランスナショナル関係）や経済の政治化現象はますます頻繁になり、一九七一年のリチャード・ニクソン米大統領による新経済政策の発表や一九七三年のオイル・ショックを契機として、国際的相互依存が強く認識されることになった。一九七五年の先進国サミットの開催は、国際経済の相互依存に伴う問題の解決がもはや一国レベルの対応策では限界があることを示した画期的な出来事であった。近代化を重視したエドワード・モースは、工業化の進展が高度消費社会と大衆政治の出現を促し、相互依存と脱国家的諸活動が増大すると、国家の対外行動はロー・ポリティクスの政策にその比重を移行するようになると主張した（Morse 1976）。この主張のとおり、先進国はお互いの経済政策を調整することを余儀なくされるのであるが、その最大の理由は、ニクソン大統領の新経済政策の発表が、ドル防衛策であったにもかかわらず、ブレトン・ウッズ体制の崩壊に象徴される戦後国際経済秩序を覆すものであったからである。これが国際経済の開放化と各国の国内的安定雇用の両立を意味していた**「埋め込まれた自由主義**（embedded liberalism）」（Ruggie 1982）の危機である。

こうした国際関係の流動化を受けて、一九七七年にロバート・コヘインとジョセフ・ナイはトランスナショナル関係に特徴づけられた「**複合的相互依存**（complex interdependence）」という概念を提示し、リアリズムのパワー中心的国際関係論から脱皮する必要性を主張した（Keohane and Nye 1977）。複合的相互依存とは、多様な国際レジームが織り成す状況を示すものであるが、彼らの著書『パワーと相互依存』では以下の三点がその特徴として強調されている。第一は、多角的チャネルが社会を連結しており、非国家アクターの役割が増大していること。第二は、国際関係のアジェンダは、明瞭なあるいは一貫したヒエラルキーには序列化されない多様な問題から成っていること。第三は、複合的相互依存下においては、軍事力の行使が低下すること。複合的相互依存の三原則を構成するこれらの点は、意識的にリアリズムの三原則（第3章第1節を参照）に即したものであることは疑いない。彼らの問題関心は、第一に、相互依存下の世界はどのような様相を呈しているのか、特に、相互依存とパワーとの関連性はいかなるものか、第二に、相互依存下の諸主体間の相互作用プロセスはどのようなものか、特に国際レジームはどのように変化するのか、の二つである。これらの問題を解明するために、「複合的相互依存モデル」と国際レジーム変化の動態モデル（①経済過程モデル、②全体的パワー構造モデル、③イシュー構造モデル、④国際組織モデル）を駆使して、海洋と金融におけるレジーム変化、そして二つの二国間関係（米国とカナダ、米国とオーストラリア）の事例を検証している。

特に注目すべきは、二国間関係の変化を説明する上で、「**敏感性**（sensitivity）」と「**脆弱性**（vulnerability）」という新たな概念を駆使して「パワーと相互依存」の関係を明らかにしたことである。敏感性とは、国家間の関係を規定する基本的枠組みは変化しない状況の下で、ある国家の政策が変化した場合、どれほど早く、どれほど広範囲に他国に影響を与えるかという反応の度合いを意味する。脆弱性とは、国家間関係が切断された状況を含め相互関係に基本的な変化が生じた場合に、国家や社会が受ける影響を意味している。例えば、日本と産油国との関係で言えば、敏感性の問題とは、原油の価格を上昇させるといった産油国の政策の変更が日本経済にどのような影響を与えるのかであり、脆弱性の問題とは、産油国が原油輸出を拒否した場合、日本にどのような影響を与えるのかということである。この場合、代替供給を獲得する場合にかかるコストが高ければ高いほど、日本は産油国に対して脆弱であることになる。

このように、国際関係論におけるリベラリズムの主張は、国際システムにおける国家の自律性に対する多元的な社会集団による制約を重視する。すなわち、相互依存の増大は、国家の敏感性と脆弱性の増大をもたらし、トランスナショナル・アクターの政府へのアクセスの増加と相俟って、政府の立案、決定、実施に関しての国家の自律性を低下させる可能性が高い、というものであった（古城 一九九八）。しかし、相互依存をめぐる論争は次の三つの点においてリアリズムとの間で続いている。第一に、相互依存が増進すると国家間の協力が高まるのかそれとも対立が高まるのか、第二に、相互依存の下では、国際体系は階層的なものから水平的なものへと変容していくことから、イシュー間の連携をめざしたリンケージ交渉が起こりやすいか、そして、第三に、国内政治が外交にどれくらいの影響力を持ち、国家の対外政策決定者が国内政治圧力に対してどれくらいの自律性や統治能力を持ち得るか、である（鈴木二〇〇〇、第四章）。

相互依存の世界は**国際レジーム**（international regime）の役割を無視しては語れない。事実、日本や欧州の台頭と相俟って、米国の覇権構造の相対的な「後退現象」が看取されると、覇権国の下で形成されたレジームも後退を余儀なくされるという理由で、一九八〇年代に国際社会の不安定化が懸念された。スティーヴン・クラズナーによれば、国際レジームとは、「国際関係の特定の領域においてアクターの期待が収斂する、原理、規範、ルール、意思決定手続きの明示的または暗示的なセット」（Krasner 1983, 2）と定義される。当初、国際レジーム論は、自由主義の貿易理論を中心に展開されており、覇権国の存在等は重視されていなかった。これに対して、リアリスト達は、レジームによって国際秩序が安定するのは、覇権国がレジームという国際公共財を提供し、秩序を維持しているからであると主張し、自由主義的レジーム論を等閑視するようになった（Gilpin 1981）。

こうしたリアリズムからの挑戦に対して、コヘインは、レジームという名の国際公共財が覇権システム以外によっても維持されうることを立証しようとして、一九八四年に『アフター・ヘゲモニー』を発表したのである（コヘイン 一九九八）。コヘインは、上述の国際レジーム論を取り入れた制度論を展開しているが、彼の「**ネオリベラル制度論**（neoliberal institutionalism）」は、ケネス・ウォルツの構造論（第3章第2節を参照）で示された三つの仮定を受け入れることから出発する。すなわち、①国家は合理的アクターであること、②国家は安定した選好を持っていること、③国家は国家間関係において必要な資源を国内的に動員できること、である。しかし、覇権安定論（第3章第2節を参照）を全面的に否定して、次のように述べている。「覇権安定論の第一命題——覇権はある種の協調を促進することができる——の緩やかな主張には若干の有効性はあるが、覇権が協調関係を形成するための必要条件であるとか十分条件であると考える理由はほとんどない。さらに、この理論の第二の主要な命題は誤りである。すなわち、国際レジームが確立された後は、協調は覇権的指導国の存在を必ずしも必要としない。覇権後の協調も可能である」（コヘイン 一九九八、三五頁）。

ネオリベラル制度論の特徴は、コヘイン独特のリベラリズム論と制度論を折衷し融合させたものである。彼の洗練されたリベラリズムは、アクターとしての個人による相互作用から生じる集合行為問題とそれを解決するための制度がどのように生起するかに注目するものである。一方、リアリズムは簡潔ではあるが構造決定論であり、エージェント（主体）間の協力や国際制度の現実的自律性を説明できないのに対して、リベラリズムはエージェントの主体的選択に基づく制度の形成や維持という過程を説明できるという利点を有していることをコヘインは強調する（Keohane 1990）。

　コヘインの制度論は、合理的制度論と呼ばれるもので、エージェントの合理性を前提にした上でエージェントと制度の関係を分析する必要性を強調する。制度を「アクターの行動ルールを規定し、活動を束縛し、期待を形成するような一連のルール」であると定義し、国際制度の形態として、(1)国際組織、(2)国際レジーム、(3)**慣行**（convention）の三つを挙げている（Keohane 1989, 3-4）。三つの中で、慣行が最も基本的な非公式の制度であり、行動パターンの定着した、すなわち暗黙のルールに基づく相互主義の一形態である。このことから、制度は国家行動を説明する独立変数として捉えると次のような効果を生むことが理解される。第一に、国際協調を達成するための取引費用（transaction cost）を削減することができ、第二に、国際制度のコミュニケーション機能を利用して、各国の情報不足を補うことができる。このため、リアリストが懸念する約束遵守の問題が緩和され、将来の利益が十分確保できる場合、すなわち将来の影（shadow of the future）が長くなる中で、協力の可能性が増大するのである（Milner 1992; O'Neill, Balsiger, and VanDeveer 2004）。

　以上の説明から、コヘインのパズル解きは明快であり、なおかつ簡潔さに基づく説を展開していることが理解できる。それは、**囚人のディレンマ**（prisoners' dilemma）・ゲームを繰り返し行うことである。図4-1が示すとおり、囚人のディレンマとは、裏切り行為（自白）に対する利得が協調行為（黙秘）

容疑者B ＼ 容疑者A	協調(黙秘)	裏切り(自白)
協調(黙秘)	2年（A）／2年（B）	1年（A）／10年（B）
裏切り(自白)	10年（A）／1年（B）	5年（A）／5年（B）

図4-1　囚人のディレンマ

に対する利得より高いというマトリクスをもつゲームにおいては、プレーヤーが互いに協力することにより高い利得（より低い損失、懲役二年）を得ることができるにもかかわらず、相互不信から共に相手を裏切ることで、結果的に双方にとって好ましからざる結果（懲役五年）になる、というものである。これはマンサー・オルソンの「集合行為論」に近似しており、協調に対するリアリストの悲観論を説明する場合、常に言及される論点である。しかし、コヘインは、ロバート・アクセルロッド（アクセルロッド 一九八七）の仮説――将来の報酬が十分大きい場合には、「目には目を」という戦略がいろいろな状況でうまくいく――を利用して、次のように説明する。「国際通貨取り決め・貿易・エネルギーの交渉は連続的に行われ、無限に将来に続くことが予想される。さらに、多くの密接に関連した交渉が同時に行われるということは、ゲームは『一回限り』というよりは『多数回』の性格を増す。囚人のディレンマの行為主体とは異なり、政府は通常、相手が合意に背いていることを発見すれば、協調の決定を覆すことができる。このような可能性は、裏切りのインセンティブを低下させ、ゲームの繰り返しの可能性と同じ効果を持つ」（コヘイン 一九九八、八六頁）。

コヘインは、ウォルツの構造主義的国際政治論で示された「約束遵守」の問題と「相対的利得」の問題のゆえに国際協調が困難であるとする命題に挑戦し、ある問題領域内において有効な国際制度が存在する場合、合理的エゴイストの国家が約束を守ろうとするインセンティブが高まり、国際システムからの制約が緩和されることにより、アナーキーの下でも協力が可能であるとした。つまり、相手不信は**繰り返し囚人のディレンマ**（repeated prisoners' dilemma）で解決し、相互作用のコストというシステムの問題は「市場の失敗」を制度（レジーム）で解決したことになる。

2　国際協調の可能性をめぐる論争

コヘインの国際協調をめぐる実証的研究は、「**絶対的利得**（absolute gain）」と制度の両面からリアリストの強烈な批判を受ける。例えば、リベラリストの依拠する絶対的利得に対してリアリストは相対的利得を強調して反論し、国際社会における協調が可能か不可能かという議論を惹き起こした（第3章第2節を参照）。特にジョセフ・グリエコは、一九八八年に発表した論文において、ウォルツの「相対的利得」問題を強調しながら、国家を合理的エゴイストではなく「防衛的位置設置者（defensive positional-ist）」であるとし、国家が相対的利得を重視する傾向を強調する。なぜならば、国家は仮に協調することにより全当事者が利得を得られる場合においても、利得の分配が均一になる保証はないことから、相対的パワー（パワー・ポジション）に影響を及ぼすことになり、その利得の差を重視するがゆえに協調的行動を困難にするのであると反論する（Grieco 1988）。注目すべきは、ネオリベラリズムのテリトリーである貿易問題に切り込むことにより、ネオリアリズムの論点を補強したことであろう。事実、関税及び貿易に関する一般協定（GATT）体制下における東京ラウンドでの交渉を分析すると、先進国は非関税障壁に関する交渉が難航したあげくに合意を得られたこと、そして得られた合意もその後あまり守られていないことが判明している（Grieco 1990）。

はたして、この「絶対的利得・相対的利得論争」はどちらがより説得的であろうか。換言すれば、国家はどれほど相対的利得を懸念するのか、懸念するとすればその懸念はどれほど協調を阻害するのかが問われることになる。ダンカン・スナイダルとロバート・パウエルの両者は、ゲーム論を用いて独自の分析を行いながらも、「相対的利得の状況依存性」という知見に到達している。スナイダルは、国家の行動が相対的利得の追求に基づく場合であっても、国際システムが多極であれば、国際協調は可能であると結論づけているし（Snidal 1991）、パウエルは、絶対的利得と相対的利得のどちらが追求されるかは国家を取り巻く戦略的状況に左右され、軍事力を使用するコストが低ければ相対的利得が、逆にそうしたコストが高ければ絶対的利得が追求されるとしている（Powell 1994）。実際、ゲーム論にも多くの異なるゲームの形態が存在し、現実の状況がどのゲームの形態に該当するかによって利得の配分は異なるからである。そして、マイケル・マスタンデュノは、一国の政府内部において、相対的利得重視グループと絶対的利得重視グループが存在し、イシューの種類や議論が展開される場によって、どちらが国家の利益とされるかが決定されることを事例研究から立証している（Mastanduno 1991）。

しかし、この論争は、コヘインが「グリエコが状況依存性を認めた時点で論争ではなくなった」（Keohane 1993, 278-279）と述べることによって収束した。つまり、「どちらかが無条件で一般的な原則としてあてはまるというよりは、むしろ、さまざまな条件によって、どちらかの行動がとられる、ということにその結論が収斂していっている」（山本 一九九四、二四頁）と言えよう。事実、グリエコの強い批判にもかかわらず、GATTから世界貿易機関（WTO）へと協調の制度化は着実に進んでいる。

第二の制度に関しては、ジョン・ミアシャイマーの辛辣な批判が引き金となり、一九九五年の論争を惹起させている。ミアシャイマーは、「国際制度の誤った約束」という論文で、リベラリストの議論が安全保障分野と相対的利得の軽視に基づくものであるとし、リベラリストの中でも特にネオリベラル制度論と集団安全保障論に攻撃の矛先を向けている（Mearsheimer 1994）。この批判に対して、コヘインとリサ・マーティンは、制度が国家に多くの確実な情報を提供することから、安全保障の分野においても重要であるとし、ミアシャイマーの主張を否定する。また相対的利得に関しても、国家に対して協力による利得の情報を与えることで、国家の「騙し行為」への不安を軽減するという意味で、相対的利得が問題となる状況のなかでも制度はますます重要になると反論した（Keohane and Martin 1995）。同様に、ジョン・ラギーは「リアリズムの誤った前提」という論文で反論を展開し、冷戦時代に展開された国際政治の現実とリアリズムの矛盾を指摘する（Ruggie 1995）。彼の論点は、戦後の米国の政策決定者が明白な制度的目標を持っていた事実をどう評価するかであり、その事例として、スエズ危機（一九五六～一九五七年）と第一次国連緊急軍（UNEF I）の展開、国際原子力機関（IAEA）と北大西洋条約機構（NATO）の創設に対するリアリストの反論が妥当しなかった経緯を詳述することであった。

これらの反論に対するミアシャイマーの再反論も興味深いものがあり、その根底にある彼の持論は後の『大国政治の悲劇』（Mearsheimer 2001）を髣髴《ほうふつ》させるものがある。彼による四論文（リベラリストによる三論文と批判論を代表するアレクサンダー・ウェントの論文）に対する反論は明快であり、リアリズムの優越性を強調するものであるが、その反面自己矛盾を引き起こしかねない論点も看取される。例えば、「もし制度が重要でないならば、国家がNATOやEUに多大な投資をしている事実をどのように説明するのか」という問いに対して、ミアシャイマーは「リアリストは均衡政策や相対的利得を追求するために制度を利用する場合がある」（Mearsheimer 1995）と解答する。リアリストが「制度を利用する」ことを無条件で認める場合、問題は、リベラリストが制度を利用する機会が相互依存の昂進によって増大すると主張している以上、もしもその頻度が急増し、ますます制度が中核的役割を果たすようになると、制度がそれを否定するリアリズムの一部になってしまうという矛盾である。したがってロバート・ジャーヴィスが指摘するとおり、相対的利得、制度の役割と国際協調の相関関係の解明は今後とも継続されるべき課題である。彼は、情報の提供を重視する戦略に対する選好と利得を重視する結果に対する選好を区別するパウエルの分析に注目しながら、今後の研究課題は、ネオリベラリズムの強調する戦略に対する選好を変化させるだけでよりいっそうの国際協力が生まれるのかを明らかにすることであると主張した（Jervis 1999）。つまり、制度は結果なのか原因なのかを検証していく作業が必要となる。

3　民主主義による平和をめぐる論争

冷戦の終焉を契機として、民主主義と相互依存とが不可分の関係にあるという民主的平和（democratic peace）論が登場し、第三のリベラリズムである共和制リベラリズムが注目されるようになった。

当初は、「民主主義国はより平和的か」といった単純な議論が行われていたのであるが、ブルース・ラセットは一九九三年に出版した研究（ラセット 一九九六）において、民主主義国家間のダイアド（二国間関係）の特質から、民主主義国家同士は戦争をしないという民主的平和論を提唱した。そして、その研究によって民主的平和論が経験的に立証されると、研究者だけでなく、政治家からも多大な関心が寄せられるようになった。実際、一九九四年の年頭教書において、ビル・クリントン米大統領は「民主主義同士が戦争をはじめた例はない」として民主化促進策を外交政策の支柱の一つにしたほどである。おりしも、ソ連の崩壊によって旧ソ連・東欧諸国に対する民主化支援が注目された時期であった。

誤解を恐れずに簡潔に表現すると、民主的平和とは、①民主主義国同士は戦争をしない、②民主主義国同士の組み合わせは、それ以外の組み合わせよりも戦争に関わる頻度が低い、というものである。最初に、民主的平和の全貌を明らかにしたラセットは、戦争を「死者一〇〇〇人以上の主権国家間の武力紛争」に限定し、民主体制とは、「普通選挙や競争的な選挙制度等の民主的な政治制度が継続的に維持されている」体制と定義した。彼の説明要因は二つであり、第一は、文化・規範モデルと呼ばれ、暴力よりも交渉を重視する規範によって説明し、第二は、構造・制度モデルと呼ばれ、世論の支持などの国内要因によって説明する。これらのモデルを三つの事例（①古代ギリシャの都市国家間システム、②第二次大戦後の国際関係、③政治的統合がなされていない非産業社会における諸集団間の関係）に適用して、モデルの説明力を検証した。その結果、第一に、民主主義と平和との間に固有の相関関係が確認されている。事実、ラセットの研究によると、一九〇〇年までの六〇対の戦争のなかで、民主主義国家間の戦争は三ないし四であり、それ以降にはおよそ一八〇〇対のうち一ないし二でしかないという結果が出ている。第二に、規範モデルの方が制度モデルよりも有効なモデルである、という結論に至っている。

はたして、民主的平和論は立証可能であろうか。ラセットの研究に対するリアリストからの反論は強く、様々な反対理由が挙げられている。例えば、方法論的な問題――民主主義国の絶対数が少ない、ゲリラ戦など非国家間戦争の欠如、アナーキーの制約を無視するなどシステム・レベルの視点が欠落している――だけでなく、ソ連封じ込めという特殊条件の中での「平和」であり、米国のセルフ・イメージとしての「民主主義国家」にすぎないといった点などが指摘されている（土佐 一九九七；Brown, Lynn-Jones, and Miller 1996）。

一九九三年以降、ラセットの包括研究に刺激され、各種の事例研究が行われ、民主的平和の立証作業が進んでいる。その中でも特徴的な議論が以下の二つである。第一は、「民主的コスト」であり、民主主義体制は、国際危機において武器の行使に関する決定を行う場合、民主的指導者に対してコストを強要する（国家のリソースを動員する際に市民の支持を得なければならない）という政治体制上の制約条件が武器を行使する誘因を後退させる、というものである。第二は、「観衆コスト」と呼ばれる要因であり、国際危機を公共的ゲームとして捉えると、国内の観衆が指導者のパフォーマンスを評価する場合、制度化された選挙上の制約が指導者に多大なコストを強要するように機能することから、戦争への誘因を抑制する、というものである。この二点は、一九一八年から一九九四年までの国際危機を検証したクリストファー・ゲルピとマイケル・グリースドルフによる研究（Gelpi and Griesdorf 2001）によっても支持されている。

また、ジョン・オーウェンは『自由平和と自由戦争』という研究（Owen 1997）の中で、一七九四年から一八九八年までに米国が関与した一〇の国際危機を分析することにより、政策決定者の認識を媒介変数として、独立変数としてのリベラルなアイディアと政治制度がどのように従属変数としての国家間の平和促進に影響を与えたのかを明らかにしている。政策決定者の認知に基づいて、国内の民主的な規範と制度が戦争行動を拘束するという論理を、これまでのように別個に扱うのではなく、統合して論じている点は高く評価されてよいであろう。

こうした再評価が進行する中で、ラセットとジョン・オニールは、二〇〇一年に彼らの集大成と言える研究（Russett and Oneal 2001）を発表している。同書の論点は、民主的平和論をカントの三仮説（民主主義体制、相互依存、国際組織）に基づき、三局面（トライアングル）の三辺それぞれの相関性を検証したものである。特に強調されている概念は「善（徳）の循環」であり、それが起こり得る条件を、「カント的トライアングル」から説明しようとした意欲的な研究である。しかし、その手法はこれまでと同様、マクロ的な数量分析を行い、マクロ的な因果関係の発見に終始している。このため分析変数としての「ダイアド」関係の不適格性を含む多くの問題点が指摘されている（Green, Kim, and Yoon 2001；河野二〇〇二）。特に、選好と民主的平和との関係に関しての議論は重要であり、今後の課題を浮き彫りにしていると言えるであろう。ラセットらが主張するとおり、選好や規範は民主体制に起因するのか、それとも独自変数として十分な説明能力があるのか、いっそうの検証作業が必要である。今後の課題は、オーウェンが試みたような研究作業、すなわち、民主主義体制（独立変数）と平和的行動（従属変数）との中間段階における因果関係の解明が必要であり、特に、選好や情報がどのように平和的行動に関連していくのかという実証研究が求められる。

4　国内要因分析の復権

国際協調論や民主的平和論に共通する点は、選好や情報などの国内要因を重視するアプローチである。周知のとおり、長い間、国際関係論と比較政治学は個別に研究され、両者の対話は限定的であったが、国際社会の相互依存関係が昂進し、その制度化が徐々に進む中で、国内政治が予想以上にアナーキー状態であることが判明すると、こうした分離状況は一九八〇年代に大きく改善されるようになり、国内要因を重視した国際関係論が展開されるようになる（古城 二〇〇二；五月女 二〇〇三）。その理由として次の四点が考えられる。第一は、ネオリアリズムに対する批判としての国内政治の重視である。第二は、とくに経済分野において国内政治と国際政治が密接に融合している、という実態の認識である。第三は、制度とかアイディアを重視するいわゆる「**新制度論**（new institutionalism）」の台頭である。そして、第四は、政策や交渉というレベルで、それら二つが密接に結び付いている、という発想である（山本 一九九六、六二一—六四頁）。ここでは新制度論を中心とした研究を概観する。

新制度論は「新制度主義」とも呼ばれるが、政治過程を規定するさまざまな制度の役割を見直すことを意図しており、行動科学アプローチによって軽視されていた制度の役割を政治分析に再導入する試みである（真渕 二〇〇三；Campbell 2004；ピーターース 二〇〇七）。大別すれば、歴史的新制度論、経済学的新制度論、社会学的新制度論の三つに分類される（Hall and Taylor 1996）。歴史的新制度論とは、制度の起源や生成過程を歴史的に検証することを目指している。ピーター・ホールの研究（Hall 1986, 1989）に代表されるこの新制度論は、経路依存性（最初の政策選択が持続するという慣性傾向）やフォーカル・ポイント（本章第5節を参照）といったアプローチを重視する特徴がある。経済学的新制度論は、自律したアクターを存在論的な大前提におき、アクターの相互作用を効率的に成り立たせるための装置として制度を捉える見方である（河野 二〇〇二、四一頁）。それに対して、社会学的新制度論は、制度と人間行動の関係に関する経済学的新制度論の理論的枠組みへの批判に基づいている。すなわち、経済学的新制度論は、アクターの選好を所与としているのであるが、社会学的新制度論者は、選好はその個人が埋め込まれた文化的、歴史的枠組みの中でしか理解できないと考える。制度が現実認識を規定し、何をすべきかを指示するということは、アクターは制度を基準として自分の選好を「発見」することを意味する（伊藤 二〇〇二、一五一頁）。この意味で、「アイディア」などの観念的要因を政策分析の説明要因として用いる研究は、社会学的新制度論の影響があると言えよう（Campbell 1997）。

ここで、新制度論を取り入れた初期の研究を見ておこう。第一は、ベス・シモンズによる研究（Simmons 1994）である。シモンズは、戦間期になぜある国家は金本位制を遵守し、他の国家は遵守しなかったのかを説明する上で、五つの国内要因――①国家の政治体制、②政権党の政策路線、③労働争議の頻度、④政府の安定性、⑤中央銀行の独立性――に注目して分析している。その結果、第一に、ある国の対外的不均衡は、左翼系の政府が政権を担当し、政府が不安定で、労働状況が流動的で、中央銀行が政治的に統制されている場合、起こりやすく、第二に、政府の安定性が高く、労働争議が少ない場合、金本位制が守られ、第三に、国家間協調のためには、国内的なコスト（緊縮的な財政政策）を受容することに対する国内の支持が必要である、という結論に至っている。

第二は、コヘインとヘレン・ミルナーが編集した『国際化と国内政治』（Keohane and Milner 1996）である。経済のグローバル化が進展し、各国の国内市場が結び付けられて行くにしたがい、国際経済と国内政治との変容する関係を解明することが要請されるようになった。コヘインとミルナーはこうした観点から共同研究を企画し、多くの事例研究を通じて次のような結論に至っている。すなわち、国内制度が国際経済と国内政治との関係に与える効果には三つの可能性があるというものである。第一は、国際経済状況の変化がもたらす相対的価格のシグナルが国内経済に伝わることを遮断すること。第二は、連合や政策を変更するコストを高くすることによって政策変更を困難にすること。そして第三は、政治的指導者の戦略を方向づけること、である。

この共同研究の中でも特に注目されるのがジェフリー・ギャレットとピーター・ランゲの研究（Garrett and Lange 1996）である。彼らは国際経済環境の変化が政策変化に結び付く回路を、当該国家の国際経済上の位置（ステージ1）、国家の社会経済的制度（ステージ2）、および公共的制度（ステージ3）の制度的効果、そして政策変容の帰結としての制度変容（ステージ4）から説明する。すなわち、国際経済状況の変化を受けて、国内社会集団の選好とパワーが変化し、その変化が国内制度を通じて国家の政策を変化させることによって、国内制度を変容させるというモデルの構築である。特徴的なのは、国内要因に政治体制、選挙制度、政治システムにおける拒否権プレーヤーの数、独立した官僚組織の権限が含まれていることである。ステージ2とステージ3との相違が曖昧であるという批判はあるものの、国内の制度がどのように国際経済の変化および社会的選好に対応するかによって、国家の政策は異なることを示した画期的な研究であると言えよう。

さらに、一九九〇年代後半になると、ロバート・パットナムの「ツーレベル・ゲーム」（第4節を参照）に刺激された多数の注目すべき研究が出現し、国内要因分析の復権に貢献するようになった（石田一九九七、八六頁）。その結果、研究分野としての国際政治経済学の興隆が見られることになる（Frieden and Martin 2002）。特に、貿易摩擦をめぐる国際要因と国内要因の相互作用が重要視されているが、その相互作用を構成する変数として選好、制度、アイディアが考慮されている。この意味で、近年の成果にも以下のような顕著なものが看取される。まず、コヘインの門下生であるミルナーとマーティンの研究は、同じく国際協調と国内要因との関係性を論じているものの、対照的な結論になっているという意味で興味深い。ミルナー（Milner 1997）は、国際協調に関する四つの事例（一九四〇年代の英米交渉、欧州石炭鉄鋼共同体〔ECSC〕をめぐる仏独交渉、北米自由貿易協定〔NAFTA〕、マーストリヒト条約）を検証しながら、国内要因がどのように、なぜ、そしてどのような時に影響力を発揮するのか、という点を明らかにした。この著書のタイトル『利益、制度および情報——国内政治と国際関係』からも理解できるとおり、国際協調の可能性は、利益、制度、そして情報に依存していることを主張する。

すなわち、国際協調は、選好の配置、政治制度の性格、そして国家内の情報の有用性によって説明できることになる。彼女の基本的な論点は、国際交渉は国内における再分配の配慮の必要性によって困難となることから、国際協調の可能性に悲観的にならざるを得ないというものである。多元的な国内体制（ポリアーキー）は協調を難しくするという結論は、今後さらに検証すべき仮説であろう。

これに対して、マーティンの研究（Martin 2000）では、シャリン・オハロラン（O'Halloran 1994）らが主張するこれまでの説（米国の対外政策決定は行政府を中核とし、国内要因は国際協調の阻害要因となる）を否定し、対外政策への立法府の制度化された関与は、結果的に安定した国際協調をもたらすことを明らかにした。立法府が制度的に関与するということは、行政府や相手国に国内の立法や社会的選好に関する情報を提供することを意味している。マーティンは、国内政治制度が協調への国家の関与の信憑性にどのような影響を与えるのかを理論的に示したことになる。実際、戦後の米国とEUの対外政策の分析から、協調への関与は立法府の関与を制度化した国家によってより頻繁により迅速に実施されていることが検証されている。ミルナーと明らかに異なる視点は、マーティンが「信憑性（credibility）」と国際協調との関係を重視していることである。国内要因と信憑性との関係については、日米の対外的関与の信憑性を国内政治制度の相違から分析したピーター・カウィーの研究（Cowhey 1993）が有名であるが、マーティンの研究はこの観点に沿ったものと言えよう。

3―ネオリベラリズムと対外行動――選好モデル

ネオリベラリズムがネオリアリズムに方法論的に接近した状態を「**ネオ・ネオ総合**（neo-neo synthesis）」と揶揄する場合があるが（Wæver 1996, 163. 本書第5章第1節も参照）、それはネオリベラリズムが独自色を失ったことを意味しない。実証主義（positivism）を重視する「ネオ・ネオ総合」は、両者を超えようとする第三の理論群、特に第5章で検討するコンストラクティヴィズムの台頭を促しただけでなく、ネオリベラリズム自身の再評価を促すことになった。前節で見たとおり、協調という国家行動を説明する選好と制度が中核概念として浮上してくるからである（Clark 1998）。その結果、パラダイム論争が進む中で、ネオリベラリストは対外行動の理論化をめざし、次のような共通理解を形成していく（石田 一九九七）。

(1) 政府が対外政策の選択を通じて追求する「国益」を理論上の与件として設定せず、国益の国内・国際的起源を明らかにすることを理論の課題とした。

(2) 国内政治アクターの間で利害は必ずしも共有されていないという認識を出発点とした。すなわち、多様な政策選好（例えば、自由貿易、保護主義）が国内政治アクター（有権者、利益団体、議員など）のレベルで存在する。

(3) 政策の選択過程を重視する。どの政策が政府によって最終的に選択されるかは次の二点に依存する。①政策決定者に対して国内政治アクターがどのような影響力を行使できるか、②政策決定者がどのような政治目的を追求するか。

(4) 政策決定者の政治目的は政治体制に依存する。また、政策決定者に対して国内政治アクターが及ぼす影響力は特定の政治制度によって左右される。

(5) 以上の結果、国内の政治制度要因は、政府による対外政策の選好に無視しがたい影響を及ぼす。また、経済の相互依存の進展といった国際要因も、アクターの政策選好の変化に媒介されて政府の政策選択の変化を導きうる。

つまり、ネオリベラリストの対外行動論は、諸個人・集団の選好が国内・国際要因に媒介されつつ、最終的に政府の選好——すなわち、集合体の選好——に集計されていく政治的メカニズムの解明を意図するものである。ここから、選好の形成と変容の理論化作業が要請されることになる。

1　選好の概念化

それでは、ネオリベラリズムが重視する選好とは何か。一般に選好とは、政策決定者や政治指導者の「好み（taste）」とか「願望（desire）」であると解釈されるが、より政策論的には観点や利益を意味している。このため、政策決定者の選好は国益と同一になる場合もあり、問題解決における「立場」や

「解決方法」を示唆することになる。国際関係論においてなぜ選好が重要なのか。実際、社会科学において、一九五〇年代から行動を説明する重要な要因として「選好」が取り入れられてきており、例えば、ゴードン・タロック（Tullock 1962）は、「選好の科学」と「（主体間の）相互作用の科学」の両方が行動を説明するのに必要であると主張した。しかしこれまでは、どちらかというと後者の「相互作用の科学」だけに集中してきた嫌いがある。ここではごく簡単な例を挙げ、選好の重要性を確認しておくことにする。自動販売機でコーラ、ペプシ、ファンタという三種類の飲み物からある人がコーラを選んだ場合、その人の最も望ましい選好がコーラを選ばせたと解釈できるかという問題である。結果から推測すると、三種類から一つを選んだのであるから、コーラが最も好ましい選択であったことになる。しかし、最も好きなペプシに「売り切れ」ランプが点灯していたために、次の選好であったコーラを選択した場合も考えられる。当然、後者の場合は、コーラがその人の最高の選好ではないことになる。これが、結果から推定する際に生じる選好の問題である。

社会的選択論において議論されてきた選好の問題を再評価し、最初に国際関係に援用したのは、一九八八年のモロー論文（Morrow 1988）である。ジェームズ・モローは、まず、リアリズム、特に構造主義は、選好を与件として外生的に捉えるが、リベラリズムは内生的に捉えるという相違があることを明らかにする。例えば、ウォルツは「国家や政治家のパーソナリティや動機は重要でありえない。なぜならば結果はアクターの意図に導かれることはないからである」（Waltz 1979, 65）として、政策決定者の選好を与件として扱うのに対して、モローは、「システムの社会化によるウォルツの説明は採択された行為だけに注目しており、これらの行為の背後にある選好を考慮していない。構造が選好を決定するという仮説は擁護できるかもしれないが、ウォルツはこの点を立証する議論を進めていない」(Morrow 1988, 89) と反論する。その後、選好を中軸に据えた研究は、国際関係論以外の分野で徐々に注目されるようになる。例えば、アーロン・ウィルダフスキーやエリザベス・ガーバー、ジョン・ジャクソン、スンキ・チャイは、選好は文化によって形成されることから、内生変数として扱うべきであるとして、選好の形成プロセスやその変化をモデル化しようと試みている (Wildavsky 1987; Gerber and Jackson 1993; Chai 2001)。こうした観点は、リアリズムの全盛期であった冷戦期においては少数派に属すると言ってよい[3]。

最初に選好の体系化を試みたのは、アンドリュー・モラヴチックである (コラム4を参照)。彼は、リベラル国際関係論の構築をめざして、次のように主張する。「国家・社会関係は世界政治における国家行動に基本的なインパクトを有している。社会的アイディア、利益、制度は国家の選好を形成することによって国家行動に影響を及ぼす。これは政府の戦略的計算の基礎となる根本的な社会目標である。なぜならば、リベラリストにとって、国家選好の配置は世界政治において最も重要であると考えられるからである」(Moravcsik 1997, 513)。このように、モラヴチックは、選好を中核としたリベラル理論を提示し、リアリズムと制度主義の要因よりも選好の要因のほうがより重要である理由を次のように述べている。「制度的説明は、国家が特定の国家間集合行為問題を解決しようとする関心を持っているという状況下においてのみ、効力を発揮する」(Moravcsik 1997, 543)。

2 対外行動論への試み

前章で見た「戦略的選択アプローチ」においても選好の役割が重要な構成要素であった。ジェフリー・フリーデンは、アクターの選好と戦略的状況の両者がどのように選択を生み出していくのかを解明することが戦略的選択アプローチの将来を左右する、と結論づけている(Frieden 1999)。しかし、ジェフリー・レグロが指摘するとおり、高度に抽象的なアプローチのため事例研究が欠落している状況下で結果に対する選好は戦略的相互作用分析に取り入れられていない(Legro 1996, 120)という問題は残されたままであった。この意味で、ブルース・ブエノ・デ・メスキータの方法論は注目に値しよう。彼は、国際政治学のテキストにおいて、選好を重要な説明要因の一つとして取り上げ、「**選好モデル**(preference model)」を構築しようと試みているからである(Bueno de Mesquita 2000)。

ブエノ・デ・メスキータは、二つのモデル(中位投票者定理とウィンセット)を援用して二つの事例を説明する。第一に、中位投票者定理(medium voter theorem)からEU諸国の環境政策を説明する。ここでは単純に、単一イシューの事例に関しては、選好の中位(過半数)のレベルで決定値が選択されるという仮定から、EU各国の行動が説明される(Bueno de Mesquita 2000, 271-274)。第二に、複数のイシューが絡みあう事例に関しては「**ウィンセット**(winset)」から説明できるとし、ソ連の政策変化と冷戦の終焉という事例を取り上げている。ブエノ・デ・メスキータは、この事例を説明するためには、ソ連内部で政策決定者のバーゲニング(選好の配置)がどのように行われたのかという局面と、その決定プロセスがどのように対外要因(米国、NATO、東欧諸国の動向)に影響されたのかという局面を重視することが必要であると主張する。明らかに、モラヴチックの二段階アプローチが意識されている。ここでの「ウィンセット」とは、現状を変化させようとする政策決定者の連合の組み合わせを意味している。例えば、ソ連が現状を変更し国内変革と冷戦の終結をもたらそうとする連合の組み合わせは、ミハイル・ゴルバチョフ、ボリス・エリツィン、エゴール・リガチョフによって形成される。この場合、ウィンセットとは、現行の政策を覆すのに十分な連合によって支持された政策を意味する。ブエノ・デ・メスキータの分析によれば、リガチョフとエリツィンのウィンセットはきわめて小さく、現状を変更するだけの連合にはなりえない。一方、ゴルバチョフとエリツィンのウィンセットは最も大きく、彼らの選好から変革の方向性と程度、ならびに、外交上の変更の範囲が明らかになるとしている（Bueno de Mesquita 2000, 283-284）。

このように、ブエノ・デ・メスキータによる試みは、モラヴチックの主張に対応する画期的な研究であるが、まだ試論の域を出ていないと言えよう。今後、多くの実証的研究が進められ、選好に基づくリベラル国際関係論の確立が求められることになろう。今後貢献度の高いアプローチとして期待されるのは、「**ツーレベル・ゲーム**（two level games）」と「**アイディア・アプローチ**（ideational approach）」である。これらのアプローチが選好を介してどのように国家行動を説明するのか、以下の節で検討することにしたい。

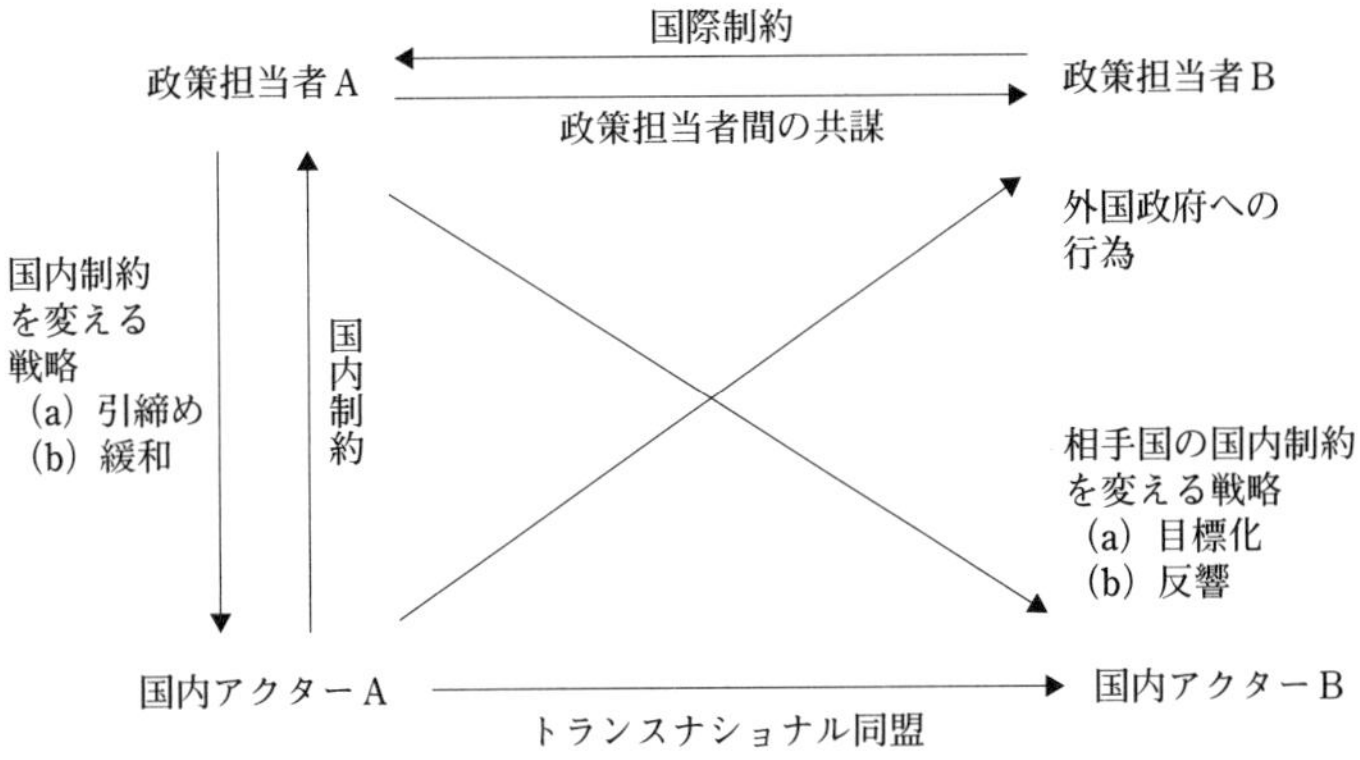

図4-2　ツーレベル・ゲームの分析枠組み

出所：Moravcsik (1993, 32).

4—事例①　ツーレベル・ゲームと対外行動

パットナムは一九八八年に画期的な論文を発表して、国内政治が国際交渉にもたらす影響、そして国際交渉が国内政治にもたらす影響を同時に把握しようとする分析手法、すなわちツーレベル・ゲームを提示した(Putnam 1988)。

1　パットナム・モデル

ツーレベル・ゲームとは、国際交渉(レベルⅠ)が成立するためには、その内容が国内の政治過程(レベルⅡ)において批准可能な範囲にあることが必要であることを重視するアプローチである。この批准可能な範囲を「ウィンセット」と呼んでいる。したがって、このアプローチの中核にウィンセットが位置づけられていることになり、国際交渉の成立はこのウィンセットの性格に影響されることになる。ウィンセットは次の三つの要因によって決まる。すなわち、①レベルⅡの参加者のパワー配分、選好、可能な連合、②国内の政治制度、③レベルⅠの交渉戦略、である。パットナムは、事例研究を進めるうえで必要な作業仮説を設定している。すなわち、第一に、あらゆる条件が同じならば、ウィンセットが大きければ大きいほど、レベルⅠでの合意が達成されやすい、第二に、レベルⅡの各々のウィンセットの相対的な大きさは国際交渉からの利益の配分に影響される、の二つである。

以上の諸概念と仮説は一九九三年のモラヴチックの論文において整理された結果、ツーレベル・ゲームの分析枠組みが図4-2として提示されている。簡潔に言えば、国家の政策は、(1)国内のウィンセットの形成、(2)対外的なウィンセットの形成、(3)トランスナショナル同盟、(4)相手国のリーダーに影響を与える国内グループの行為という戦略を通じて決定され実施される、とするものである（Moravcsik 1993, 32）。ここで、特徴的な概念を整理しておくと、一つは前述した「ウィンセット」であり、国内ウィンセットは議会などの批准可能範囲を意味し、対外的ウィンセットとは交渉相手国との妥協範囲を意味する。もう一つは「反響（reverberation）」である。反響とは、国際圧力の行使によって、相手国のウィンセットを拡大し、国際合意を容易にすることを意味している。例えば、米国の「外圧」が日本との交渉を妥結させたというような場合がそうであろう。つまり、レベルⅡにおいて国内アクターの選好が一様でない場合、レベルⅠの交渉者は相手国の国内アクターの中に同調者（同盟者）を見出すことが可能である。こうして、斬新な視点を提供したツーレベル・ゲーム・モデルは、その後数多くの事例研究を生み出すことになる（石黒 二〇〇七）。

2　事例研究

一九八八年以降の事例研究は、パットナム・モデルの部分修正という観点から進められている。例えば、パットナムの仮説では、ウィンセットが小さいほど、交渉の合意は成立しにくいとしている一方で、ウィンセットが小さい国ほど交渉上有利になるとしている。前者の仮説は、両国のもつ情報が非対照的で不確実性が高いと想定している一方で、後者の仮説は両国がウィンセットの情報を対照的にもっていることを想定していることから、両仮説は一部矛盾する場合が考えられるため、飯田敬輔は、二つの情報の不確実性——①自国のウィンセットについては情報を持っているが、相手国のウィンセットについては持っていない場合、②自国のウィンセットがどこにあるのか自明でない場合——がどのように国際交渉に影響を与えるのかを分析した。その結果、パットナムの仮定とは異なり、交渉者が自国内、相手国内ともに選好の情報を持たない場合には、合意は成立しにくく、交渉上有利になることもないこと、そして、国内的な制約の多い交渉者が交渉において有利な立場に立てるのはある限定的な条件のもとでしかないことを明らかにしている（Iida 1993）。換言すれば、飯田の研究は、選好に関する情報が必ずしも入手可能ではないと考えられるため、利益団体の選好を国際交渉における不確実性として捉えるべきであるとして、情報不確実性が国際交渉にもたらす影響を不完全情報交渉モデルに基づいて分析したことになる。

ところで、パットナムは、国際交渉と国内政治が政策担当者を介して連携している点を強調しているが、レベルⅠの政策担当者の選好は考えられていない。ジョンリン・モーは、政策担当者の選好が利益団体などの国内アクターと対立する場合を想定し、分析した結果、そうした国内分裂が国際交渉に及ぼす影響は、政策担当者と国内アクターとの力関係に左右されることを明らかにした（Mo 1994, 1995）。このことは、政策担当者が相手国からの提案内容によって国内の支持を拡大することができ、国内アクターは、より良い提案を示したり、示された提案を拒否することで影響力を行使できることを意味している。

一九九〇年代以降も多くの事例研究が行われており、注目すべき成果も出ている。(4) 例えば、これまでの研究は、ある国の国内制約が強い場合、その国の対外交渉の立場は強くなるという推測を検証するものであった。これは、トーマス・シェリングが『紛争の戦略』（Schelling 1960）で提示したことから「**シェリングの推測**（Schelling's assumption）」と呼ばれるものである。しかし、二国間交渉において、一方の国だけが強い制約を受けていることはむしろ例外であり、通常は両国とも強い制約を受けていると考える方が現実的である。この両者の制約下における国際交渉を分析したのがアメール・タラーの研究である。この「両サイド制約下の国際交渉」という研究によれば、完全情報という状況下では、国内制約は交渉上の有利になり得る。しかし、一方的な不完全情報下においては、「シェリングの推測」は成り立たない。なぜならば、不完全情報下では、強い制約を有するアクターはより少ない結果を得、弱い制約を有するアクターはより多くを得るという均衡状態が成立するからである。つまり、不完全情報は強い制約を有しているというメリットを完全に消失させてしまうことになる（Tarar 2001, 335）。

そして、チェンペン・チュンの研究は、三つの仮説の妥当性を中国の領土問題に関する事例から検証しようとしたものである（Chung 2004）。三つの仮説とは、第一に、ウィンセットのサイズはレベルⅡの社会的選好と非公式な国内連合に依存している、第二に、ウィンセットのサイズはレベルⅡの政治制度に依存する、第三に、ウィンセットはレベルⅠの交渉の戦略に依存する、であり、四つの事例研究から次のような知見を得ている。

(1) レベルⅠの交渉者の選好が多元的であればあるほど、交渉の妥協は起こりにくい。
(2) 非民主主義国家のほうが合意を批准しやすい。
(3) ウィンセットが大きいほうが貿易に対してより開放的である。
(4) ウィンセットの大きさと批准のために必要な票の数は反比例している。
(5) 下からの圧力が大きいほど、レベルⅠの交渉者の立場は強くなる。
(6) 領土問題と経済問題を分離（デリンキング）する戦略は効果的である。
(7) 交渉行動の成否は交渉者の戦略に依存している。

このように、研究の深まりが確認できるものの、今後の課題も多いと言わざるを得ない。ウィンセットをめぐる選好と制度の関連性の明確化は、多くの事例研究を必要としており、幅広い分野と国家を含む事例研究が待たれるところである。

5―事例②　アイディア・アプローチと対外行動

国内要因分析の一つとしてアイディアを重視するアプローチは、新制度論の興隆に刺激されながら一九九〇年代に浮上し、国際関係論における一つのサブ領域として地歩を築きつつあると言っても過言ではない[5]。ここでは、一九九〇年代以降の発展過程を追跡しながら今後の可能性を探究する。興味深い事実として、リベラリストのコヘインを中心とする「**ハーヴァード学派**（Harvard school）」が国内要因の復権とアイディアの概念化に深く関与している点は留意しておく必要があろう。

1　コヘインとゴールドスタインによる集大成とアイディア論争

ジュディス・ゴールドスタインとコヘインは、アイディアの機能や役割を操作化できるような一般理論を提示する（Goldstein and Keohane 1993）。まず、アイディアを「個人が有する信条」と定義し、「**世界観**（world views）」、「**原則信条**（principled beliefs）」、「**因果信条**（causal beliefs）」の三つの類型に区分する。世界観とは、最も基本的なレベルのものであり、行動への可能性の範囲を定義する。例えば、主要な世界宗教が人類の社会生活に深く影響を与えるように、世界観は人々のアイデンティティを規定し、深い感情や忠誠心を喚起する。原則信条とは、善と悪や正義と不正を区別するための基準を特定する規範的なアイディアである。例えば、「奴隷制は悪である」とか、「堕胎は殺人である」、「人類は自由な発言権を有する」などは原則信条である。そして、因果信条とは、村の長老や科学者のようなエリート層による共有されたコンセンサスから導き出される原因・結果関係に関する信条である。このような因果信条は目的をいかに達成するかという指針を提供する。例えば、科学的知識は伝染病をどのように絶滅するのかを示唆する。

次に、アイディアの機能を三つ――**「ロードマップ**（roadmap）」、**「フォーカル・ポイント**（focal point）」、**「組織的持続性**（institutional persistence）」――に分け、それぞれが政策に与える影響を明らかにする。第一のロードマップとは、不確実性が高い状況において、アイディアが行動のための指針を提示する。因果信条は状況の不確実性を減少させるのに対して、原則信条は不確実な状況での行動を可能にする。第二のフォーカル・ポイントとは、均衡解が複数存在する場合、アイディアが解の特定に重要な役割を果たすことを示す。つまり、主体の期待が収斂する点を意味している。そして、第三の組織的持続性とは、あるアイディアが制度として確立すると、そのアイディアは長期にわたり持続的な影響力を持つというものである。

こうして、新制度論やコンストラクティヴィズムと合流することにより、一九九〇年代のアイディア研究が始動することになるが、アイディア概念の自律的効果に関しては多くの反論が出されるなど**「アイディア論争**（ideational debate）」が惹起され、今日に至っている（Jacobsen 1995, 2003; Yee 1996; Philpott 1996; Hay 2004）。最大の問題は、アイディア・アプローチは、利益に基づく合理的行為者モデルを補うという意味で有益であるが、アイディアそのものに説明力があることを示すことができないという点である（Jacobsen 1995, 285）。はたしてそうであろうか。以下、適用事例を見ながら検証しておこう。

2　事例研究

第一は、ゴールドスタインによる研究（Goldstein 1993）であり、米国の対外経済政策をアイディアの生成過程から説明したものである。この研究は、因果信条と制度化したアイディアが一八六〇年代以降の米国の対外経済政策を説明する重要な要因であることを検証したものである。例えば、一八六〇年代以前までは、自由貿易か保護主義かに関してのコンセンサスは存在していなかったのであるが、一八六〇年代以降になると、共和党が機会を捉え、高賃金労働を支持する集団を統括する連合の形成に成功することにより、高関税・保護政策が決定される。この政策は、経済界で自由貿易論への関心が高まった時期においても支持され、一九三〇年代まで継続される。しかし、大恐慌と一九三四年貿易法の制定は徐々に自由貿易派の発言力を高め、第二次大戦後は、米政府の自由貿易政策へのシフトを決定的にした。一度自由貿易政策が実施されると、米国の相対的な経済力が後退した一九七〇年代以降においても継続される。そして、ゴールドスタインは、代替的貿易アイディアが出現するまで、この対外経済政策は継続するであろうと主張する。

第二は、サラ・メンデルソンの研究（Mendelson 1998）であり、旧ソ連の対外政策を政策決定者のアイディアから説明したものとして注目に値する。(6) メンデルソンは、アイディア概念の独自性を実証するために、主要な二つのアプローチを代替理論として使用可能であるとしている。その二つとは、第一に、変化の源泉としての国際システムを重視するものと、第二に、複雑な認知的学習を重視するものである。こうした観点から、ソ連によるアフガニスタン戦争の介入決定から撤退決定への歴史を丹念に追跡した結果、クレムリン内部の権力政治が介入決定に大きな影響を及ぼしたこと、一九八二年から八四年までの「新思考派」（改革派）の動員期においても権力政治が重要な要因であったこと、そして、ゴルバチョフ書記長が国内の権力政治を利用し、新思考派の権力を強化させる諸方策（特に連合戦略）を通じて、アイディアを認知させることにより政策変更を勝ち取ったことを明らかにした。つまり、アイディアと政治の相互作用という国内要因によって説明できるという結論である（逸見 二〇〇五）。

第三は、スティーヴン・バーンスタインの研究（Bernstein 2001）であり、アイディアとしての「持続可能な開発」が、どのようにして登場し、国際社会に受け入れられ、規範化したのかを分析したものである。アイディア論争における主要な論争点となったのは、あるアイディアは普及し、規範となるのに対して、他のアイディアはそうならないのはなぜかを説明できないというものであった。彼は「**社会進化論的アプローチ**（socio-evolutionary approach）」を導入してこの問題を克服しようとしたのである。事例研究の結果、バーンスタインは三つの要因がアイディアの登場に大きな役割を担うと主張する。すなわち、①アイディアの出自が正統であるとして受け入れられること、②既存の社会構造との適合性があること、③社会構造のさまざまなレベルで、主要なアクターのアイデンティティと適合すること、である。つまり、新たに出現するアイディアとすでに制度化されている規範という社会構造的環境との相互作用を分析する必要があることになる。特に、政策アイディアとしての「エコデベロップメント」が失敗し、「持続可能な開発」が国際規範となりえた理由として、ブルントラント委員会、経済協力開発機構（OECD）との適合性、そして主要なアクターのリベラルな環境保護主義の影響を指摘している。このように、アイディア概念の分析に社会進化論的アプローチを導入し、新たな局面を開拓するなど、今後の研究成果が期待される。

以上から言えることは、多くの事例研究を積み重ねる過程で、アイディア概念の精緻化が進み、その独自性が明らかになっている点である。特に、バーンスタインの研究が示すとおり、アイディアとコンストラクティヴィズムの規範概念が対外行動をめぐる議論の中で共通性を高めている事実は強調されるべきであろう。そして、対外行動研究だけでなく、アイディア・アプローチは、公共政策学や比較政治学においても多くの成果が出ていることから、今後の進展が期待される。(7) アイディア概念の広範囲にわたる適用は、国内要因を中核とした包括的分析枠組みの可能性を示唆するものである。例えば、一つの可能性として、制度と行為の融合をめざすモデル化が考えられる（三浦 二〇〇〇）。行為論と制度論の融合としての道具的アプローチ、討議的アプローチ、認知的アプローチにアイディア論の因果信条、原則信条、世界観を組み合わせると、次のような国家行為論が可能となる。第一は、道具的アプローチであり、アクターは因果信条、結果の論理（第5章第2節を参照）と選好（自己利益の最大化）に基づいて行為を決定し、制度を目的達成のための道具とみなす。第二は、討議的アプローチであり、アクターは原則信条、適切性の論理（第5章第2節を参照）、役割・社会的規範に基づいて行為を決定し、制度を評価基準とみなす。第三の認知的アプローチでは、アクターは世界観、**討議の論理**（the logic of argument）、アイデンティティに基づいて行為を決定し、制度を認知基準とみなす。討議の論理とは、討議を通じて間主観的な合意をめざす行動原理である。むろん、これらはプロトタイプであり、事例研究と理論作業とを往来して、各プロトタイプを精緻化する必要があることは言うまでもない。

6—今後の課題

リアリズムの「ブラック・ボックス」を開放したリベラリズムではあったが、開放したからといって全ての問題が解決されたわけではない。開放したために新たに直面することになった問題も多いという皮肉な結果になった。これまで、心理学、社会学、経済学、行政学、公共政策学からの知見を駆使して細部にわたる分析が試みられ、多くの研究成果が生み出された。しかし、「部分理論の島々」が「自然調和」されるほど国際社会現象は単純ではなく、国家行動に関連した一般理論化作業が要請されている。(8)本章で議論したとおり、一九九七年にドイルの研究とモラヴチックの論文がほぼ同時に公刊され、協調行動の解明を中心とするリベラル国際関係論の構築が進んでいる（Moravcsik 2003）。例えば、国際政治経済を「協調の可能性」から説明した研究（Lairson and Skidmore 2003）や、国際レジーム形成と選好との関係に関する研究（足立 二〇〇四；山田 二〇〇四；坂口 二〇〇六）、国際経済交渉と政策選好との関連を検証した研究（樋渡 二〇〇四）は注目されてよい。「選好モデル」に立脚してこの要請に応えようとしたネオリベラリズムは、今後、ツーレベル・ゲームやアイディア・アプローチからの知見を活用して、独自の国際関係論を構築していくことが求められるであろう。

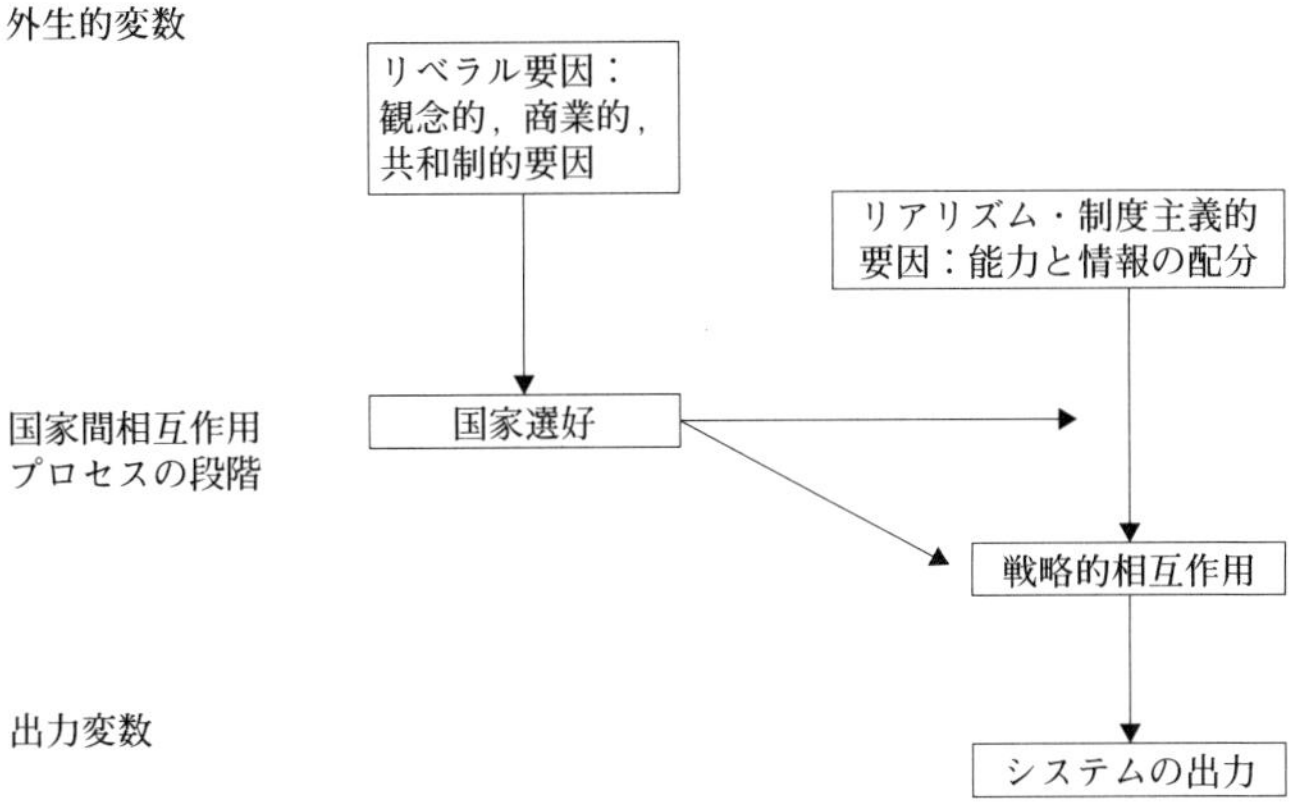

図 4-3　モラヴチックの選好モデル

コラム4◆選好モデル

選好モデルの代表は図4-3にあるアンドリュー・モラヴチックによる国家行動の二段階モデルである(Moravcsik 1997)。

このモデルの主要な原則は、①社会アクターの優先性、②国家による代表と選好、③相互依存と国際システムであり、国家間関係における国家の行動は、パワー配分などによるのではなく国家選好の各国間の配置状況によってもたらされる。中心的仮説は、「国家、国内社会、脱国家社会の役割を重視し、国家・社会関係の中で国家の選好が規定され、その結果、国家の行動も左右される」というものである。リアリズムの行為論と異なる点として、「手段ではなく、結果のバリエーションが最も重要」になるという視点が強調されている。そして、最後にリベラリズムとリアリズム・制度主義との統合化を進めるために、これまでの単一因果関係分析から脱皮し、多面的因果関係の究明をめざした研究の必要性を強調している。二段階アプローチと言われる所以である。そのメカニズムは、①国家が選好を定義づける段階（国家・社会関係をリベラル理論から説明する段階）、②国家が特定合意へ向かって議論し、バーゲニング・競争する段階（リアリズムと制度主義によって説明される段階）を意味しており、後者の段階は戦略的相互作用を経て、システムの出力となる段階である。

第5章 コンストラクティヴィズムと対外行動

リアリズムがシステム要因を重要視し、リベラリズムが国内プロセス要因を第一に考察するのに対して、冷戦後に登場したコンストラクティヴィズム（構成主義）は、社会的要因である規範やアイデンティティに基づく間主観的解釈を強調する。なぜ、コンストラクティヴィズムは冷戦の終焉を契機として登場してきたのであろうか。それは、リアリスト達が、国際システムを支えている大国間のパワー配置が大きく変化しない限り、構造変化は起こらないと断言してきたからである。冷戦の終焉論争に対して、コンストラクティヴィストは、軍事力や経済力という物質的要因ではなく、観念や規範が変化の原動力になりうることを立証しようとした。そこで、この点を念頭に置きながら、本章では、一九八九年を転機に「第三論争」が起こった背景を整理し、アレクサンダー・ウェントを中心とするコンストラクティヴィズムの台頭とその国家行動観を概観した後に、国際レジームの形成や政策変更に関する研究成果を通じて、コンストラクティヴィズムによる対外行動論の可能性を探究する。

1―「ネオ・ネオ総合」と第三アプローチの台頭

冷戦後期の国際関係論が経済学などの合理主義的アプローチに傾斜していた中で、コンストラクティヴィズム（構成主義）は国際政治学の社会学的な次元を強調するアプローチとして冷戦後に登場した。コンストラクティヴィストは、国家間の相互作用は固定された国益によるものではなく、時間の推移にしたがって国家のアイデンティティが相関的に再構築される反応のパターンとして理解するべきである、と主張する。他のアプローチと比較すると、コンストラクティヴィズムは基本的な制度の構成的機能（本章第2節を参照）に焦点を当てることと、国家行動と国家のアイデンティティや国益との関連性を探究することを通じて、国際的な相互反応のモデルを提供する。同時に、それは、制度自体は持続的に再生産され、国家の行動と他のアクターとの相互作用により変容していくと主張することから、確かに独自な視座を有するアプローチである（石田 二〇〇〇；大矢根 二〇〇五；佐藤 二〇〇六）。

なぜ、コンストラクティヴィズムは冷戦の終焉を契機として登場してきたのであろうか。それを説明するためには、ポスト冷戦期国際関係の基点となった、冷戦終結による米ソ二極体制の崩壊という国際社会の変動を国際関係論が説明できなかったのはなぜか、という問いから始めることが肝要である。

1　冷戦の終焉と「ネオ・ネオ総合」

冷戦終結が一九八九年に突然起こると、冷戦研究を中心とする国際関係論の見直しが始まる。衝撃的に国際関係論と冷戦終焉の分析の諸問題を論じたジョン・ギャディスの研究（Gaddis 1992-1993）以来、今日まで冷戦論争は継続している（Lebow and Risse-Kappen 1995; Lebow 1999; Brooks and Wohlforth 2000; English 2002）ものの、その論争から導き出せる主要な解答は、リアリズムの失敗と合理主義の不十分性であると言えよう。なぜならば、リアリスト達は、国際システムを支えている大国間のパワー配置が大きく変化しない場合、つまり極構造の変化がない場合、そのシステムは継続していくことになり、そして、現状のパワー配置を変更するメリットがコストを凌駕しない限り構造変化は起こらないと断言してきたからである。一九八九年一二月にまさにその不測の事態が起こったのであるから、国際関係論の見直しが起こったとしても不思議ではない。換言すれば、問われるべきは、第一に歴史的変動の説明に失敗したことと、第二に国際関係の非物質的要因を軽視することとである。

冷戦の終焉を説明できなかったのはリアリズムだけの問題ではなく、ネオリベラリズムの問題でもあった。なぜならば、リベラリズムは、アナーキーと合理的な単一のアクターとしての国家というリアリズムの前提条件を受け入れることでリアリズムに歩み寄り、主に制度と国際協調の因果関係を解明するネオリベラリズムに変貌したからである。表5-1が示すとおり、三つのリアリズム仮説にネオリベラル制度論が接近することにより、確かに両者の理論的な収斂が見られる（Grieco 1988）。

この「ネオ・ネオ総合」の問題が冷戦終焉の予測と説明を困難にしたことは疑いない。なぜならば、ネオリアリズムとネオリベラリズムの総合は言わば「合理主義の勝利」（Rengger 2000, 47）と呼べるもの

表5-1　ネオ・ネオ総合

	リベラリズム	ネオリベラル制度論	リアリズム
国家は国際関係で唯一のアクターである	NO	YES	YES
国家は合理的・単一アクターである	NO	YES	YES
国際関係が無秩序なため，国家活動が中心性をもつ	NO	YES	YES

だったからである。両理論はパワーや経済利益などの物質的要因を重視することにより、ミハイル・ゴルバチョフの間主観的な行動による政策変化を説明できなかったことから、第三のアプローチの台頭を促すことになる。その契機となったのが以下に見る第三論争（「第三の大論争」）であり、一九八九年のヨセフ・ラピッドの論文（Lapid 1989）であった。

2　第三論争とポスト実証主義

第一の理想主義対現実主義論争、第二の伝統主義対行動科学論争に続く第三論争の主要な論点は、反実証主義者による「エージェント・構造問題」の提示と合理主義仮説批判であった。まず、「エージェント・構造問題」とは次のようなものである（本書第1章第2節も参照）。例えば、ケネス・ウォルツは、国際構造は国家アクターを拘束すると論じているが、実際は構造そのものは、それを構成する国家のパワーの大小というアクターの属性から生ずるとしている。つまり、構造そのものに独自の存在論的位置づけを与えていない。アレクサンダー・ウェントはこの点を批判して、行為主体であるエージェントとそれらが相互作用する場としての構造は、互いに影響を及ぼしあうと主張する（Wendt 1987）。例えば、国家（エージェント）は国際社会（構造）とは独立して「無風の中で」行動することはできず、物質的パワーの配分に拘束される面もあるが、その構造は、アクターの間主観的認識なしには意味を持たないのである。

そして、第二の合理主義仮説批判として、アクターの利益を所与のものとして扱うことは間違いであると主張する。例えば、実証主義者（合理主義者）は、アクターの行動は変化するが、その選好やアイデンティティは変化しないと仮定している。その点を批判して、ウェントは、アクターの利益や選好は、社会的に形成され、他のアクターとの相互作用を通じて変化していくと主張する（Wendt 1992）。つまり、国家は社会的に構成され、利益は内生的であり、構成的領域が重要であるという主張が、合理主義との相違である。

合理主義批判は実証主義批判へと発展し、ポスト実証主義をめぐる論争が展開されている。ポスト実証主義論争は、ポストモダニストによって行われた実証主義批判が示すとおり、存在論と認識論を問い直し、理想と現実、理論と実証、国内政治と国際政治といった二元論では捉えきれない問題を明らかにしたという意義がある。しかし、ポスト実証主義といってもその内容は多岐にわたり、批判理論やフェミニズム、ポストモダニズムとともに、コンストラクティヴィズムも含まれている（Smith, Booth, and Zalewski 1996）。多種多様であるものの、ポスト実証主義は、エージェント・構造問題を重視し、実証主義的国際関係理論を批判的に捉え直すという共通項を有している。

第三論争が進展する中で、コンストラクティヴィズムは実証主義とポスト実証主義の中間的な立場をめざす傾向を強めていく（Adler 1997）。この点は、各種のコンストラクティヴィズムが台頭してくる中で、重要な要素になる。[1] なぜならば、ポスト実証主義と実証主義の橋渡しの役割を積極的に担うことを意味しているからである。

2―コンストラクティヴィズムの国家行動観

ウェントは、リアリストの強調する「自助の体系」や「勢力均衡」という現象はアナーキーから必然的に生じるものではなく、アクターが他のアクターや事象に対して見出す意味やアクター間の相互作用により、アナーキーは「自助の体系」にもなれば、「集団安全保障体系」にもなり得ると主張する（Wendt 1992）。なぜならば、パワーなどの物質的要因に意味を与えているのは観念的要素だからである。例えば、米国のパワーの意味はカナダとキューバにとっては全く異なっているし、米国にとり、英国の核の脅威と北朝鮮の核の脅威は決定的に異なっていることは疑いない。ここから、コンストラクティヴィズムの国家行動観は「構造の二重性」と「間主観性」、そして規範に影響される「適切性の論理」が中核であることが判明する。

1　「構造の二重性」と「間主観性」

コンストラクティヴィストは、合理主義的行動観に批判的であり、これまでに見たとおり、アクターの利益を所与のものとし、アクターの行動は変化するが、その選好やアイデンティティは変化しないとする仮説は成立しないと考える。例えばウェントは、アクターの選好や利益は、社会的に形成され、他のアクターとの相互作用を通じて変化するものであり、「コンストラクティヴィズムの基本原則は、人々は対象が自らに対して有する意味により行動する」(Wendt 1992, 369) と主張した。このような主体と構造の構成的な相互作用を捉えようとするのが、「構造の二重性」という概念である(第1章第2節を参照)。

リアリズムは、国家主体を独立した客体として捉え、その相互対立の中で国際関係が展開されると考える。リベラリズムは、国家と非国家アクターが相互作用する中で国際関係が作られると考える。これに対して、コンストラクティヴィズムは、構造を所与のものとは見ず、構造と主体との相互作用の中から構造としての国際社会が作られていくと考えるのである。つまり、構造と主体は不可分の関係にあり、主体なくして構造はありえず、構造なくして主体はありえない。

「間主観性(inter-subjectivity)」とは、主観を持つそれぞれの主体間で成立する、国際社会における事象に関する共通の認識や理解を意味する。例えば、国家の利益やパワーは、客観的に存在する物質ではなく、国家間で共有される認識や理解などの観念的要因によってはじめてそれらの存在が確認されるのである。具体的に国際社会のアナーキーや冷戦の終焉を考えてみよう。コンストラクティヴィストは、アナーキー下の「友」とアナーキー下の「敵」は社会構造をめぐる間主観的な解釈から生じるものであり、社会構造の多様性は国家の多様なアイデンティティから生じることを強調する。つまり、国際社会が協調的であろうが対立的であろうが、国家の利益は多様なアイデンティティに応じて多様化されることになる。冷戦に関して言えば、米国とソ連の冷戦関係は一つの社会的構造であり、ある時点で両国が相互に「敵」として認識し、また、両国の国益が相反していると認識したことから開始されたものである。両国がこのような観点から相互関係を規定しなくなったとき、冷戦は終焉することになる（Koslowski and Kratochwil 1995）。軍事力や経済力といった物質的要因がシステム変容を引き起こすのではなく、観念的要因が国家行動を変容させ、ひいては国際システムを変容させるというのである。

このようなウェントの国家行動観は、図５-１に示されているとおり、間主観的了解によって構成されたアイデンティティと利益を持つ国家Ａが、その状況定義に沿った行動をとると、国家Ａの行動に対する国家Ｂの解釈と状況解釈によって国家Ｂの行動が導き出せる。

図５-１は、コンストラクティヴィズムの行動観には制度と過程（プロセス）が重要であることを示している。コンストラクティヴィズムにとっての国際制度は「**規制的機能**（regulative functions）」と「**構成的機能**（constitutive functions）」の二つを意味する。規制的機能とは、ある行動の標準的な規則を設定することを意味している。また、構成的機能とは、行動を定義しその行動に意味を与えることである。この役割はチェス・ゲームと同類の事例としてよく知られている。構成的規範はアクターにゲームをすることを可能とし、お互いの動きにどのように応対すべきかという情報をアクターに提供する（Wendt 1992）。したがって、コンストラクティヴィストは、制度を通常の組織以上のものとして捉えている。制度はアイデンティティと利益の構造であり、基本的に観念的な存在を意味しており、アクター

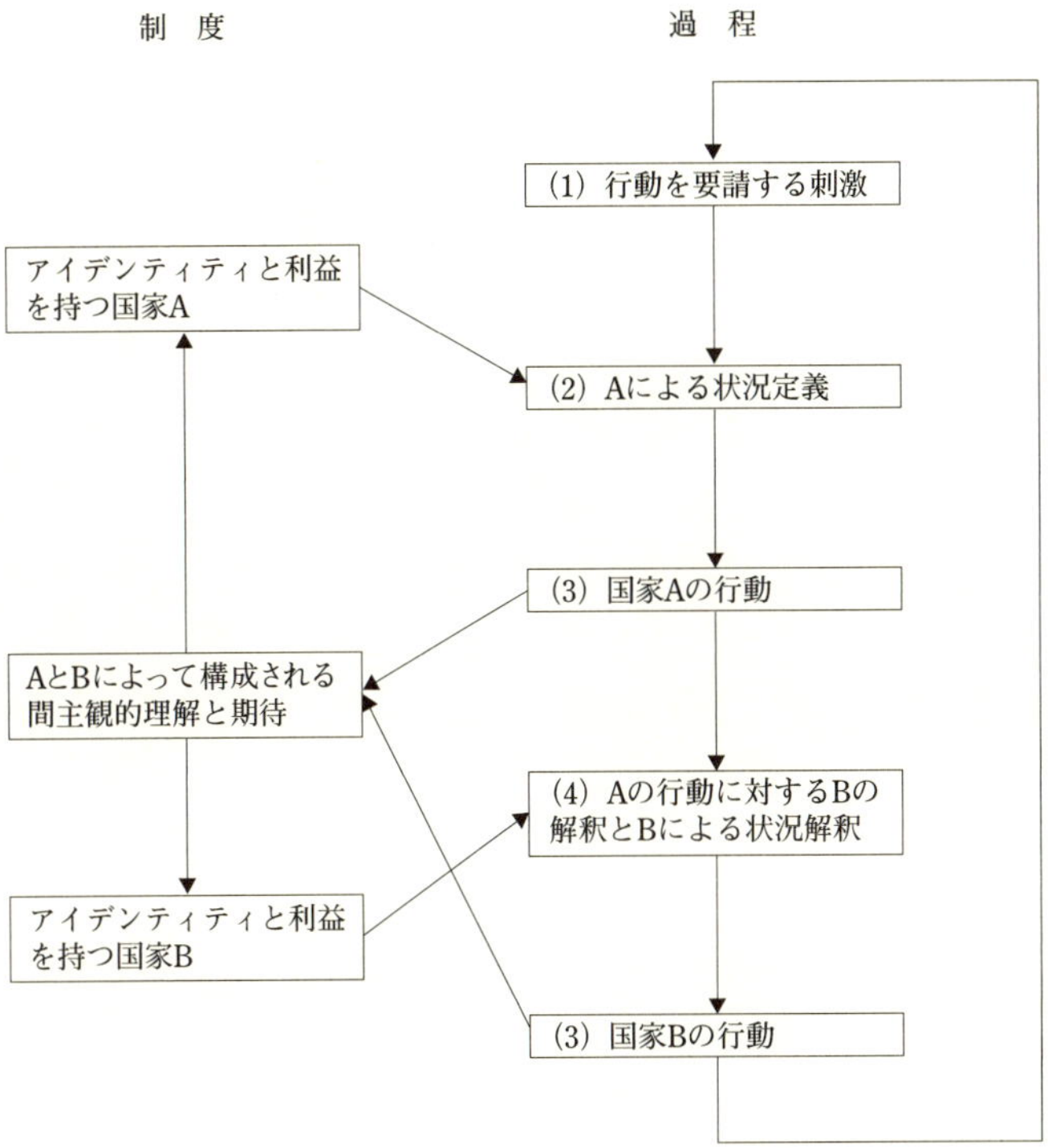

図 5-1 コンストラクティヴィズムと国家行動

出所：Wendt (1992, 406).

の思考から独立しては成立できない。

そして、プロセス重視とは、行為者間および主体―構造間の相互作用の過程を重視することであり、そのプロセスが変化すれば、アイデンティティや国益の内容、さらには国家行動も変化していくことになる。この観点から言えば、コンストラクティヴィズムはリベラリズムと多くの共通性を有していることが理解される。また、国家は集合的アイデンティティを持ち、それにより安全保障や経済発展のような国家の基本目標が構成される。しかし、いかなる国家もその実現が社会的なアイデンティティに依存していることを自覚している。すなわち、いかなる国家も国際社会において行動する他国との関連で自国を考えることを要請される。このようなアイデンティティに基づいて、国家は自らの国益を構成することになる（Wendt 1994）。

2　適切性の論理

別の観点からコンストラクティヴィズムの行動観を示す概念に「**適切性の論理**（logic of appropriate-ness）」がある。適切性の論理とはどのような論理なのか。これは、合理主義者の「**結果の論理**（logic of consequences）」との対比からよりよく理解できよう（March and Olsen 1998）。合理主義者は、アクターはいかなる行動を行うにも費用・便益計算を合理的に行い、起こりうる結果を評価し、選択肢の中から最良の選択をすると考える。しかし、第4章で詳述したとおり、初期の選好を考慮しない、結果の評価のみによる説明には問題が多いと言わざるを得ない。こうした問題に対処するために打ち出されたものが、「適切性の論理」であり、社会的規範のもつ四つの要素によって国家の行動を説明する。すなわち、①規範は行動に対する非結果志向的命令である、②規範は、ある社会もしくは関連する社会集団内の成員によって共有されている、③すべての成員が規範を共有するとき、集団の成員は規範の違反者に制裁（sanction）を与えることによって、規範の強制を可能とする、④規範は内面化された恥の感情によって維持される、である（Elster 2000, 198）。ある規範が国家行動を規定するような状況を規範の内面化

(internalization) と言う。つまり、国家はこの内面化された規範に従って適切な行動を行うのである。例えば、国家は常に力関係や損得勘定によって行動するとは限らない。時には、信念や国際規範に沿って行動する場合がある。日本は第二次大戦後、一度も武力によって国際問題を解決したことはないが、それは憲法九条に裏づけられた規範、すなわち紛争の平和的解決という規範によるところが大きい。ウォルツやジョン・ミアシャイマーは冷戦後に日本とドイツは核武装すると予測したが (Waltz 1993; Mearsheimer 1990)、両国が核武装しない理由も適切性の論理によって説明できよう。

3—コンストラクティヴィズムと対外行動

一九八九年以降、第三のアプローチとして浮上してきたコンストラクティヴィズムではあったが、仮説の構築を含む研究作業が決定的に遅れており、理論として認知するには時期尚早であるという批判が根強く残っている (Jervis 1998)。特に留意すべき点は、研究プログラムを実施する際の問題であり、諸概念、例えば「構造の二重性」や「間主観性」、規範などの明確化が求められている。この意味で、ステファン・ハガードによる批判は重要であり、事例研究の積み重ねによって解答を出していく必要がある。それは、「共通の構成的規範」を発見するだけでなく、そうした規範が独自の効果をアクターの行動に与えているかどうかを検証することである (Haggard 1992, 415)。一〇年後の一九九九年に公刊されたウェントの研究は、その可能性を占う意味でも重要であった。ここでの関心は、リアリズムが対立行動の解明を、そして、リベラリズムが協調行動の解明をめざすのに対して、コンストラクティヴィズムはどのような対外行動を射程に入れているのか、である。

1　ウェントによる集大成とその批判

ウェントの『国際政治の社会理論』は、次に示す事実の確認から始まっている。それは、今日国際関係論に広く受け入れられているという二つの基本的教義である。第一は、人間共存の構造は物質力よりも主に共有された観念によって決定づけられること。第二は、合目的的な行為体のアイデンティティと利益は、自然に備わっているというよりはむしろこれらの共有された観念によって構成されていることである（Wendt 1999, 1）。つまり、国際関係を「社会的に構成された」ものと捕捉することが通念となっているという事実の確認であり、『国際政治の社会理論』というタイトルが付される所以である。

ウォルツの『国際政治の理論』（Waltz 1979）に匹敵すると言われるウェントの大著には三つの特徴が存在する。すなわち、分析レベルとしてのシステム・レベルの重視、社会要因の重視、「科学的実在論（scientific realism）」の強調である。第一のシステム・レベルの重視に関して、ウェントは自ら「対外政策ではなく、ウォルツ流の国際政治学に関心がある」と断言している。すなわち、ネオリアリズムとは異なるシステム・アプローチの提唱である。ウェントの試みは、①国際構造の再概念化、②社会学的な転換、③相互作用とプロセスの重視、の三つである。第二は、国際関係の四つの社会学を示し、それらを「物質的―観念的」と「全体的―個別的」として分類して、社会要因を重視していることを明示したことである。第三は、科学的実在論を国際関係論に初めて導入し、新たな局面を開拓したことであろう（Adler 2002；信夫 二〇〇四；南山 二〇〇四）。ウェントの言う「科学的実在論」は、三つの信条に基づいている。すなわち、①世界は個々の観察者の精神と言語から独立して存在している、②成熟した科学理論はこの世界に言及することができる、③この世界が直接的に観察不可能であったとしても、である（Wendt 1999, 51）。

ここに認識論より存在論を重視するウェントの姿勢が看取されるが、観念の世界の実在をどのように説明できるのであろうかという疑問は残る。この点に関して、スティーヴ・スミス等からの批判（Smith 2000）があるものの、ウェントは「社会的なもの（social kinds）」という概念を提示して、社会的なものの「物質性」を強調する（Wendt 1999, 67-77）。例えば、国際関係はルール、規範、文化などの制度から成っており、この制度によって「もの」や個人が意味を持つ。つまり、観念的世界であっても、科学的実在論を採用することで、合理的に説明することが可能になるとウェントは主張するのである。換言すれば、合理主義者は因果関係——「XがYを引き起こす」——の発見に関心を集中させるのに対して、コンストラクティヴィストは「XがYを構成する」という構成関係の解明が因果関係の前提となると考えるのである（Wendt 1999, 77-88）。「XがYを構成する」とは、Yの属性はXによってもたらされ、Xなしには存在しないということである。

これらの点は何を意味しているのであろうか。第一に、ウェントはコンストラクティヴィズムを合理主義に対抗するアプローチとして見なしていないことを意味している（Fearon and Wendt 2002）。第二に、ネオ・ネオ総合に接近しつつも、「観念的世界」の実在性を実証主義的に検証することを意味している。そして第三に、ウォルツの「第三イメージ」アプローチ（本書第1章注（1）を参照）に依拠して、国家間の相互作用のみに関心を寄せる。その結果、ウェントによる集大成は、合理主義者には歓迎され、批判主義者からは彼の「転向」が批判されることになる（Smith 2000）。**批判理論**（critical theory）とコンストラクティヴィズムとの論争である。

以上の説明から、ウェントの構築しようとしているコンストラクティヴィズムは、実証主義的なものであり、他の反実証主義的なコンストラクティヴィズムとは異なると言わざるを得ない。そのため、全体像に関する議論を深めるためにも、その他のコンストラクティヴィズムを分析レベルの観点から概観しておく必要があろう。ウェントに代表されるシステム・レベル重視のコンストラクティヴィズムの他に、ここでは、ピーター・カッツェンスタインのユニット・レベル重視のコンストラクティヴィズム、そして、ジョン・ラギーの全体的（holistic）コンストラクティヴィズムを取り上げることにしたい（Reus-Smit 2001）。

カッツェンスタインは、特定の国家に特殊に見られる規範が国家行動に与える効果を説明していることから、ユニット・レベル重視のコンストラクティヴィズムと呼べるであろう。例えば、ドイツと日本の安全保障政策を比較しながら、それらの相違は国内規範の相違から説明できるとしている（Katzenstein 1993）。また、ユニット・レベル重視のコンストラクティヴィズムの典型的な成果となる一九九六年の『国家安全保障の文化』では、ウェントと共に共同研究を行い、安全保障研究に関する基本的分析枠組みを提供するなど、同領域におけるその後の研究を主導していくことになる。この分析枠組みでは、コンストラクティヴィズムの基本概念である規範、アイデンティティおよび文化が定義され操作化されている（Katzenstein 1996, 5-6）。例えば、カッツェンスタインは、規範を「何が適切な行為と見なされるのかについてのアクター間で共有された了解」、アイデンティティを「国家の基本的属性」、文化を「国家がどのような規範の影響下にあり、どのようなアイデンティティを有するのかを示す指標」と定義する。そして、それらの相互関連性として以下のような仮説を提示する（Katzenstein 1996, 52-53）。

① 規範の影響（Ⅰ）——規範として国家の環境をなす文化や制度的要因は、国家安全保障にかかわる利害、または、直接的に安全保障政策を形作る。

② 規範の影響（Ⅱ）——国家のグローバルな、あるいは、国内的環境の文化的あるいは制度的要因である規範は、国家のアイデンティティを形作る。

③ アイデンティティの影響（Ⅰ）——国家のアイデンティティ、あるいはその変化は、国家安全保障上の利害や政策に影響を及ぼす。

④ アイデンティティの影響（Ⅱ）——国家アイデンティティの配分状況はレジームや安全保障共同体のような国家間の規範的構造を特徴づける。

⑤ 循環性——国家の政策は文化的、制度的構造を再生産し、再構築する。

同書に収録された論文の全てがこの分析枠組みの妥当性を立証したわけではないものの、多くの論文はそれを支持している。例えば、トーマス・バーガーによる「ドイツと日本の規範、アイデンティティおよび安全保障政策」(Berger 1996) では、冷戦が終焉し国際環境が変化する中で、なぜ日本は従来の「反軍国主義の安全保障アプローチ」を踏襲しているのかという問いに対して、ネオリアリズムではなく、コンストラクティヴィズムの観点から、一九五〇年代に確立された日本国内の反軍国主義の政治・軍事文化 (国内規範) によって、日本は非軍事国家というアイデンティティを持つようになり、これが現実の安全保障政策に反映されている事実が明らかにされている。

そして、第三のコンストラクティヴィズムはラギーに代表され、システム・レベル重視のアプローチとユニット・レベル重視のアプローチの中間に位置づけられるアプローチである。彼は、戦後国際関係論の二大潮流であるリアリズムとリベラリズムが、一九八〇年代にそれぞれネオリアリズムとネオリベラリズムとして発展していく中で、両者の収斂が始まり、究極的には**新功利主義** (neo-utilitarianism) という性格を共有していく過程を明らかにしている。これまでにみた「ネオ・ネオ総合」である。この問題を乗り越える意味で登場してきたのが「社会コンストラクティヴィズム」であることから、両者の比較を通じて後者の特徴を描き出す。比較の軸となるのは、①核となる仮定、②観念的因果関係、③規制的、構成的規則、④システム変容、の四つである。第一に、新功利主義がアイデンティティや利益を外生的に捉えるのに対して、社会コンストラクティヴィズムは規範的要素を重視している。第二に、前者が行為の原因を解明する作業を重視するのに対して、後者は行為の理由の解明を目指している。第三に、前者が規制的規則を重視するのに対して、後者は構成的規則を重視する。そして、第四に、前者がシステムの変容を無視するのに対して、後者はそれを重視するという相違が存在する。以上の比較を通じて、ラギーは、経済学的な合理主義に依拠した新功利主義に対抗して、社会学的な観念に基づく新たなコンストラクティヴィズムが台頭してきたとするのであるが、彼は、「パラダイム上の和解可能性」に触れて、新功利主義と社会コンストラクティヴィズムとの和解可能性を示唆し、何らかの幸福な中間点（some happy middle ground）に到達しうると結論づける（Ruggie 1998）。

2　対外行動論の試み

ウェントによる一連の研究に刺激されて多くの関連研究が発表されるが、その中でも特に注目されるのは米国南部に拠点を置くニコラス・オヌフを中心とした研究グループ（マイアミ国際関係グループ）による活発な共同研究の展開である。例えば、二〇〇一年に『構成された世界における対外政策』という研究（Kubalkova 2001b）が公刊され、コンストラクティヴィストによる対外行動論の可能性を探究した唯一のものとして注目されている。ウェントが「対外政策の理論」に関心を示さない中で、こうした研究が公刊されたこと自体、特筆に値しよう。もっとも、『構成された世界における対外政策』に収録された論文はいずれも試論の域を出ていない。

ここでは、コンストラクティヴィズムの立場から対外政策の分析枠組みを構築しようとする二つの論文を紹介しておきたい。第一は、ヴェンダルカ・クバルコワによる「対外政策、国際政治、コンストラクティヴィズム」と題される論文（Kubalkova 2001a）である。この論文では、これまでの対外政策研究の歴史が概観され、対外政策と国際政治がなぜ「分離」してしまったのかの原因が述べられている。続いて、コンストラクティヴィズムにはこの分離を余儀なくされた国際関係論を「回復」させ、両者の統合を目指す意義がある点を明らかにする。そして、これまでの伝統的な対外政策研究とコンストラクティヴィズムによる対外政策研究の相違を明確化する意味で次の七つの設問を設定し、事例研究の枠組みとしている。

① 合理的アクターである国家Ａは、その国益に対する脅威に対処するために、国家Ｂ、Ｃ、Ｄ、Ｅ等に対して何を行うのか。

② 国家Ａを代表する個別政策決定者は、彼の主観的認知に基づいて、国家Ｂ、Ｃ等に対して何を行うかに関してどのように決定するか。

③ 国家Ａを代表する個別政策決定者は、彼の主観的認知に基づいて、国家Ｂ、Ｃ等に対して何を行うかをなぜ決定したのか。

④ システムと呼ばれる合理的な国家Ａ、Ｂ、Ｃ、Ｄ、Ｅ等は、生物学や数学、一般システム論、サイバネティックスに基づいて、どのように行動するか。

⑤ 合理的国家Ａ１、Ａ２、Ａ３……Ａｘは、物理的構造（すなわち、異なるユニット間の能力の不均衡な配分）として知られているＸ、Ｙ、Ｚ等の制約の下で、どのように行動するか。

⑥　国家Ａ１、Ａ２、Ａ３……Ａｘによって作られた規則や制度は、合理的国家Ａ１、Ａ２等に及ぼす効果Ｘ、Ｙ、Ｚをどのように緩和するのか。

⑦　ソフトな社会コンストラクティヴィズムに関しては二つの設問が考えられる。第一に、間主観的に形成されたアイデンティティと利益を有する国家Ａ、Ｂ、Ｃ、Ｄが何を承認するかは、合理的決定を行使する構造Ｘ、Ｙ、Ｚの性質に依存するか。第二に、観念はどのように国家のアイデンティティを変え、そしてその国益と政策を変えるのか。

これら七つの設問のうち、①は古典的なリアリズムからアプローチする際の設問であり、②と③は伝統的な対外政策研究の設問であり、④⑤⑥はそれぞれシステム論的観点、ネオリアリズム的観点、ネオリベラリズム的観点からの設問である。最後の⑦は、ウェントなどのコンストラクティヴィストによる設問である。以上の分析枠組みを適用してゴルバチョフの新思考外交を説明したのがクバルコワによる「ソ連の『新思考』と冷戦の終焉」(Kubalkova 2001c) である。分析枠組みを適用した結果、第一に、ネオリベラル制度論と社会コンストラクティヴィズムの説明は同一であること、そして、第二に、規範中心的コンストラクティヴィズムによる説明の方がより妥当なものであることが明らかとなった。

第二に注目すべき総括論文「対外政策のコンストラクティヴィズム理論に向けて」(Kowert 2001) は、対外行動論の可能性を議論したものであり、ウェント流のアイデンティティ研究を脱却する必要性を主張した。その可能性を示すものとして、ラピッドとフリードリッヒ・クラトクウィル編の『国際関係論における文化とアイデンティティの回帰』（Lapid and Kratochwil 1996）以来、アイデンティティ研究への関心が高まっていることを挙げている。そして、アイデンティティの理論が構築されれば、ネオ・ネオ総合が等閑視してきた選好の理論を取り入れることが可能となり、究極的には対外行動論への端緒が開かれると結論づけた（Kowert 2001, 270）。しかし、潜在的な可能性を強調するものの、具体的な代替案は示されていない。

以上のコンストラクティヴィズムによる分析枠組み構築への試みは歓迎すべきであり、今後の研究成果が待たれるところである。理論化を進めるためには、これまでの研究成果を取り入れる必要があるため、参考にすべき点を以下の節で整理しておくことにしたい。これまでの主要な研究成果は規範とアイデンティティをめぐるものであることから、第4節では規範を、第5節ではアイデンティティを検討する。[2]

4—事例①　規範と対外行動

1　規範とは何か

これまでの説明から、コンストラクティヴィズムの理論化において規範の役割はきわめて大きいことが明らかとなる。それでは、国際関係論における規範とは何か。また規範はどのような自立的影響を対外行動に与えるのだろうか。まず、規範とは、単なる行動パターンの定着とは異なり、「諸アクターが集団として持つ適切な行動に関する共有された期待」であると定義される（Checkel 1999, 83）。そして、規範の効果に関しては、二つの捉え方――「**規制的規範**（regulative norm）」と「**構成的規範**（constitutive norm）」――に区別することができるとされる。規制的規範は、適切な行動の基準を明らかにする効果があり、構成的規範は、アクターのアイデンティティを構成する効果がある（Katzenstein 1996, 5）。また、国家はなぜ国際規範を遵守（comply）するのかに関しての研究も進んでいる。例えば、リアリストは、大国による軍事的または経済的な制裁あるいはその脅しのために、国家は自国の利益に不利な国際規範であっても遵守する、と説明する。しかし、制裁によらない国際規範の遵守も可能なことから、その研究も進んでいる。一つの説明は、国家の遵守する程度はその規範の正統性（legitimacy）に依存するというものである（宮岡 二〇〇〇、一二四頁）。

　規範の役割は、特定の目的と手段を制限ないし促進することによってアクターの行動を規制するのみならず、国家の利益を構成し政策の選択肢を決定することであるということが、明らかにされている（西村 一九九六）。また、規範の効果を明らかにするためには、国家行動に影響を及ぼすプロセスの分析が不可欠であるが、これまでの研究は、社会構造の役割を重視する「構造中心アプローチ」と、行為主体を中心にした「エージェント中心アプローチ」とに分かれる。ウェントは前者を、カッツェンスタインは後者の立場を取る。すなわち、上から下へ（国際規範→国内規範）という作用と下から上へ（国内規範→国際規範）という作用の個別研究であるが、両者を含む研究もある（Goertz and Diehl 1992; Kowert 1998-1999）。これらの諸特徴を総括すると以下のようになろう（山梨 二〇〇二、一三七頁）。

① 国際関係における規範の影響力――幅広い領域にわたり独立した影響力をもつ。
② 規範の効果――行動についてアクターに及ぼされた集団的な理解。行動を規制するだけでなく、アクターのアイデンティティや利益を構成する（構成的効果）。
③ 規範に従う場合の動機づけ――適切性の論理に基づく。
④ 規範と物質的基盤の関係――規範は物質的基盤の上部構造ではなく、それらの基盤を作り定義するのを助ける。
⑤ エージェントと構造の関係――エージェントと構造（国際規範）は、相互作用し、互いに構成しあう。

以上の規範概念の操作化は、抽象度の高いものであり、多くの実証研究を通じて検証し、概念の精緻化を進めていく必要があることは言うまでもない。ここでは、顕著な事例研究を紹介し、今後の課題を明らかにしたい。

2　事例研究

まず、第一は、オウディ・クロッツによる米国の反アパルトヘイト政策に関する研究（Klotz 1995）であり、「人種的平等」という国際規範が、米国の政治制度間の力関係を変容させた結果、米国の選好が変化し反アパルトヘイト政策（南アフリカに対する経済制裁）が実施されるようになった経緯を明らかにした。クロッツ論文の特徴は、第一に、どのように国際規範が国家の政治体制に浸透していき、国家の選好を変化させたのかという実証研究であること、第二に、アイデンティティの形成を捉えるためには国内政治過程の分析が不可欠であることを強調している点であろう。なぜ一九八〇年代中葉まで白人という少数派による支配に反対しなかった米国が、一九八五年から経済制裁を実施するようになったのか。その政策変更は、物質的利益によるものではなく、国際的な規範（人種平等や民主主義）が米国の利益認識を再構成した結果であったとクロッツは分析している。典型的なコンストラクティヴィズムの手法によって、物質的な要因ではなく観念的な要因が国家の対外行動を変容させたプロセスが見事に描写されている。

第二は、ジェフリー・レグロの「どの規範が重要か」（Legro 1997）である。これまでの研究が規範の成功に集中してきたことから、規範の「失敗」、すなわち規範が効果を発揮できなかった事例の検証が必要であるとレグロは主張する。彼の問題関心は、①どの規範が重要か、②どのような意味で重要なのか、③他の要因と比較してどの程度重要か、の三つである。事例として取り上げているのは、戦間期「国際主義」の失敗——英、独、米、ソ四カ国による各種の戦争手段の行使——であり、この事例を通じて、国際的規範（各種の戦争手段の禁止）は国家行動を規定するかどうかを検証したのである。四カ国の政策決定過程を分析した結果、無制限潜水艦作戦や化学兵器使用の決定は、規範ではなく、各国の組織文化の影響によるものであることが判明する。ただし、全く規範が効力を発揮しなかったわけでは

表5-2　規範の発展段階

	第１ステージ 規範の誕生	第２ステージ 規範カスケード	第３ステージ 規範の内面化
アクター	組織的基盤を持つ規範起業家	国家，国際組織，ネットワーク	法，専門家，官僚
動機	利他主義，共感，理念的コミットメント	正統性，名声，尊厳	順応
支配的メカニズム	説得	社会化，制度化，実証	慣習，制度化

出所：Finnemore and Sikkink (1998, 898).

なく、国家戦略の形成過程や他国の反応を予測する場合には重要なインパクトをもったとされている。全般的に要約すると、(1)リアリズムによる説明は説得力が弱い、(2)ある分野において規範は重要な影響力を及ぼした、と総括できよう。限定的ではあれ、規範の拘束力の強さは、①規範内容の明確さ、②規範の持続性、③過去に規範が遵守された程度により決まるという注目すべき結論は、今後さらに事例研究を通じて検証されるべきであろう。

第三は、マーサ・フィネモアとキャスリン・シッキンクによる「国際規範のダイナミクスと政治変化」(Finnemore and Sikkink 1998) である。彼女らは、国際規範の社会的構築過程とその国際関係への影響を分析し、三つの論点（①近年の観念的転回は「回帰」であること、②規範の誕生、浸透、内面化のライフ・サイクルの提唱、③規範と合理性の再検討）を明らかにしている。彼女らのライフ・サイクル説は、第一段階の規範の誕生期、第二段階の規範の加速度的浸透期と、第三段階の規範の内面化期という三段階から構成されている。表5-2のように、第一段階では、組織的基盤をもつ「**規範起業家**（norm entrepreneurs)」が社会的文脈においてどのように行動するのが適切であるかが問われることになるが、彼らは説得を手段にして新しい規範の社会化を試みる。第二段階は、社会の構成員が次々と規範を受容する（「規範カスケード」と呼ばれる）段階であり、規範起業家から国家や国際組織へとアクターが推移する中で、国家は正統性や名声をもとめて規範を受け入れていくという社会化メカニズムがこの段階の特徴となる。第三段階になると、規範の内面化が進行する結果、規範は社会に定着し制度化され、その運用は専門家や官僚に委ねられる。このように、特定の規範の誕生から内面化されるまでのプロセスを初めてしめしたことの意義は大きいと言えよう[3]。

最後に、ジェフリー・チェッケルは国内制度に注目しながら規範の浸透メカニズムを解明するという**「伝播モデル**（diffusion model）」を提示している（Checkel 1999）。彼によれば、これまでのコンストラクティヴィストによる研究では二つの欠点があったという。第一に、国際規範がどのようにして国内領域に浸透していくのかというメカニズムの体系的な研究が少なかったこと、第二に、同じ規範がある国では画期的な構成的効果を発揮しながら、その他の国においては失敗した事実を説明できなかったこと、である。こうした諸問題を解決するために考案されたのがこの伝播モデルである。伝播とは、物体やプロセス、概念、情報がある地域から他の地域へと伝わっていくことを意味しており、イノベーションがある社会システムの構成員間に長期にわたり一定のチャネルを通じて伝達されるときに伝播が起こる（Checkel 1999, 85）。チェッケルのこの「現代欧州における規範、制度および国家アイデンティティ」論文では、分析枠組みとして国際規範と国内規範の媒介変数としての国内構造が設定されており、四つの理念型――コーポラティズム、国家主義、リベラリズム、社会より上位の国家（state above society）

——に分類される。また、国際規範と国内規範の「文化的整合性」に着目して、伝播の難易性を検証しようとする。この分析枠組みに基づき、欧州人権規範がどのようにドイツの国家行動に影響を与えたのかが検討される。その結果、ドイツでは、社会的圧力によってリベラルな欧州人権規範が推進されているものの、国内エリートの学習は遅れており、こうした国内規範と国際規範の不整合性から、国内の伝統的規範にはそれほど影響を与えていない、ということが明らかにされた。国内構造の重要性を指摘し、「エージェントを取り戻す」ことを強調した点は評価できるが、はたしてドイツ以外の国や異なるイシューにおいてどのような因果経路が出現するのかは今後の課題であろう。

5—事例②　アイデンティティと対外行動

1　アイデンティティとは何か

規範概念と深く関連した概念にアイデンティティというものがある。馬場伸也は一九八〇年にすでに「アイデンティティ」を使用しているが、彼の定義は、「すべての行為体の行動の原点にして、しかもその究極目標となっているものは、セルフ・アイデンティティである。……パワー、インフルエンス、インタレストは……アイデンティティの一部であり、手段であって、それらを総括し、意味づけ、指導する最高原理はアイデンティティである」（馬場　一九八〇、一二一―一三頁）というものであり、規範とは直接関連性のない概念であった。国際関係論にアイデンティティが本格的に導入されるのはやはり一九九

○年代に入ってからと言えよう。

国際関係論の一部として一九九〇年代に登場したアイデンティティ論は次の三つのレベルに分類される。第一は、諸国家が自律的に自己と他者をどう認識するか（自律的アイデンティティ）である。第二は、他国が自国をどう認識し、逆に自国が他国の認識にどう反応するか（社会的アイデンティティ）である。第三に、個別の国家アイデンティティ間の相互作用であり、これは国際共同体の文化を構成する（ナウ 二〇〇五、三三頁）。つまり、コンストラクティヴィズムは「他者」との比較において「自己」をどのように認識するか、そして集団的アイデンティティがどのように国家の行動を規制していくかの解明をめざしていることになる。

ウェントは、国家行動を説明する上で、アイデンティティと文化が最も重要であると主張する。アイデンティティは他者との関係において成立するものであるから、アクターは社会的構造の下で、アイデンティティを形成し行動する。以上のアイデンティティが、集団として認知されたとき、集団固有の文化を作り出すことから、文化とは「**集団的アイデンティティ**（collective identity）」によって作り出される「社会的に共有された知識」と定義される（Wendt 1994）。このように、アイデンティティはコンストラクティヴィズム論の構築において中核の位置を占めていることは疑いないが、どのアイデンティティが顕著になるのか、アクターの期待を安定させる上でアイデンティティにはどのような役割があるかなどは、いまだに解明されていない（Rousseau and van der Veen 2005）。

2　事例研究

アイデンティティはどのように形成され、どのように国内・国際要因と相互作用して、国家の行動に影響を与えていくのであろうか。コンストラクティヴィストによる事例研究は、規範研究よりは少ないものの、次のような注目すべき成果が出ている。

まず、ロドニー・ホールの研究（Hall 1999）は、前述のラギー流の全体的アプローチに属している。彼の議論は、国際関係のパターンは基本的には社会の集団的アイデンティティによって形成される、というものである。つまり、「我々が誰であるか」は、「我々が何をするか」を説明することになる。この社会的集団的アイデンティティは当然、時間が経過するにしたがい変化するが、その変化は国内の政治体制、国家の利益、そして行為主体間の規制的ルールをも変えていくことを意味している。古典的・構造的リアリズムに対抗して、ホールは、国益はパワーへの願望や客観的な条件によって形成されるのではなく、どのように社会が自らを同一化させるのかを解明する必要があると主張する。こうした議論を展開する上で重要な概念が、リアリズムの「パワーへの意志（will to power）」に対する「アイデンティティを明確化する意志（will to manifest identity）」である（Hall 1999, 6, 43-44）。

以上の論点に基づき、ホールは事例研究として三つの欧州国際システム（①帝国的主権システム、②領域的主権システム、③国民国家システム）を検証し、それぞれが異なる集団的アイデンティティ、国益の異なる概念、正統性の異なる信条を有していたことを明らかにする。例えば、帝国的主権システムは改宗・未改宗のキリスト教徒と君主Xの臣民、領域的主権システムは社会階級の構成員と国家Yの臣民、そして、国民国家システムは文化や歴史を共有する国民共同体の構成員と領土Zの市民というアイデンティティを有するとした（Hall 1999, 29）。歴史的な事例研究の結果、ホールの主張した、「個別的・集団的アイデンティティにおける変化はグローバルと国内社会秩序の正統的な信条の変化を引き起こし、集団行為の制度的形態の変化に帰結する。この新しい制度化した規範は社会的アクターの新たな制度に適応する行為を通じて形成され、その新しい構造は新たな社会的アイデンティティとシステム変化を明確化する」（Hall 1999, 29）という命題は、三つの欧州国際システムを通じて全般的に検証されている。

しかし、「社会的集団的アイデンティティの変化はシステムの変化を説明する」というホールの命題は、今後、多くの事例に適用し検証されるべきであろう。また、集団的アイデンティティは個人の社会化を通じて集団行為を生む（Hall 1999, 37-38）という命題も同様に、我々意識が存在するだけで、その行為を説明することができるのかという観点から、さらに検証する必要がある。

そして、第二のブルース・クローニンによる研究（Cronin 1999）は、政治指導者が協調を通じて国際関係の安定を確保するために脱国家的共同体（transnational community）を構築する方途を探究するものである。彼のメッセージは、リアリズムの強調する「自助」はアナーキーから生じる安全保障体制のある一形態にすぎないという点であり、その点は立証されている。

安全保障体制には七つの変形（①自然状態、②勢力均衡体制、③大国間協調、④複合的安全保障体制、⑤共通安全保障体制、⑥融合的安全保障体制、⑦集団安全保障体制）があり、それぞれ異なるアイデンティティが形成される。例えば、大国間協調は大国間の相互承認によって特徴づけられ、共通安全保障体制ではレジーム形態とイデオロギーが、そして、複合的安全保障体制では地域アイデンティティが重要となる（Cronin 1999, 13）。クローニンは特に、共同体志向の体制に注目し、大国間協調（concert）、共有するレジームや政治イデオロギーに基づく共通安全保障体制、そして、汎国家アイデンティティを共有する融合的安全保障体制とに区別する。歴史的事例としては、一九世紀欧州の三つの共同体、すなわち、欧州協調、オーストリア、ロシア、プロシアによる神聖同盟、汎イタリア・汎ドイツ国民運動を取り上げ、融合的安全保障体制の誕生プロセスを検証する。

脱国家的共通アイデンティティが生成する条件を実証するために、クローニンは、社会学で注目されている社会同一化理論と「シンボリック相互作用」論を採用する。事例研究の結果は以下のとおりである。第一に、脱国家的共通アイデンティティの誕生には、物質的要因だけでなく、間主観的条件が必要である。特に、次の三点が重要であるとしている。第一点は、共有された基本的性格、例えば、共通する民族性、国家形態、経済発展のレベル、第二点は、システム内の他国家と共有する特殊な関係、そして、第三点は、国家間の強い相互依存である。第二に、こうした相互作用の持続が脱国家的集団アイデンティティと共同体の誕生につながっていく。このように、「他者」との相互作用を通じて、アイデンティティが成長するのであるが、国家が他者との間に重要なある種の性格を共有したり、二国間関係に独自な要素を持ったり、あるいは、共同行為の面で十分な経験を積み重ねると、両者は脱国家的アイデンティティを形成するようになる。しかし、彼の発見である、脱国家的アイデンティティは社会的・政治的混乱期に起こりやすいという命題（Cronin 1999, 129）は、今後の課題であり、より深く議論される必要があろう。

第三の事例は、アイデンティティの形成や変化を言語の範疇（テキスト）から説明しようとする**ディスコース分析**（discourse analysis）である。ディスコースは、そのほとんどが互いに対立する反対物によって作られる（二項対立）ことから、敵対化の過程を通じて顕在化する内部と外部、自己と他者といった差異化による表象であると理解できる。したがって、ディスコース分析は、テキストを検証し、その中から言説の対象に関わるものを抽出し、理論化する作業である。例えば、デーヴィッド・キャンベルは、外交を「表象戦略としての差異化の過程」と位置づけ、米国の対外政策におけるアイデンティティの構築を自由主義対共産主義という二項対立的観点から説明した（Campbell 1998）。アイデンティティの問題はその計測が客観的なデータによっては不可能であることから派生しており、表象されている言説を分析することによってはじめてその計測が可能となるという指摘は傾聴に値しよう。この意味からも、今後の進展が期待できるアプローチである（Milliken 1999）[4]。

6—今後の課題

コンストラクティヴィズムはポスト冷戦期に登場したいまだ研究蓄積の少ないアプローチである。このアプローチによれば、国家の行動は規範やアイデンティティといった観念的要因によって決定される。この仮説は各種の事例研究から支持されているが、パワー（リアリズム）やインタレスト（リベラリズム）の影響ではなく、規範やアイデンティティのみが国家行動を規制するのかどうかに関しては、いまだ曖昧のままである（Cardenas 2004）。そのため、研究プログラムの確立が早急に求められることは言うまでもない（Finnemore and Sikkink 2001; Klotz and Lynch 2007）。今後期待される研究領域は、第一に、規範と民主的平和との関連性（Kahl 1999）、第二に、適切性の論理の実証研究（Checkel 2001; Sending 2002; Muller 2004）、そして、第三に、英国学派や批判理論との関連性（Reus-Smit 2001）であろう。この意味で、国内政治要因の再検討が不可欠となる。規範起業家が国内制度を媒介して、どのように国家行動へ影響を及ぼしていくのかという因果関係の明確化である。特に、チェッケルが指摘する「エージェントの欠落」問題は今後の課題であろう（エージェントに関しては本書第1章第2節を参照）。彼は以下の三点を指摘している。①組織論の一部である社会制度の視座に依拠していることから、利益やパワーの問題と同じくエージェントの問題が無視される傾向にある。②多くのコンストラクティヴィストが個々のエージェントの問題に興味を持たない。③以上は、ウェントが、エージェントを構造との相互構成によって説明されるべき要素として分類したためである（Checkel 1998, 340）。

冷戦後に登場したコンストラクティヴィズムは一〇年という短期間に国際関係論の第三のアプローチとして定着している。つまり、リアリズムの対立行動、リベラリズムの協調行動、そしてコンストラクティヴィズムの変化を含む適応行動という構図である。これまでの説明で、多くの問題や特徴が明らかにされたのであるが、特にここで確認しておきたい視点は、コンストラクティヴィズムの研究プログラムがリアリズムとリベラリズムの双方に接近している事実であろう。[5]そこに三理論の統合化の可能性が潜んでいるのではないかと思われる。比較研究が求められる所以である（コラム5を参照）。

ネオリアリズムがシステム要因を重視したため、コンストラクティヴィストは観念主義を強調しながら、行為主体であるエージェントの重視に傾斜するようになった。そこから、クバルコワが試みた対外行動論が胎動することになるのであるが、選好を重視するネオリベラリズムとは異なり、よりマクロ的で、両レベルの相互作用を重視するという「国内分析の復権」へと進んでいくことになる。このように、国内政治の再検討を通じて「主体を連れ戻す」ことが求められる。こうした研究作業を積み重ねることにより、「〔規範の〕創出における規範企業家→国内的NGO→国際的NGO→教師としての政府間機構→受容における規範企業家→国内制度による媒介→国家行動」（濱田 二〇〇三、六一頁）という一つの因果経路がより明確化されることになろう。

表5-3　OSCEと小国の対外行動

	ネオリアリズム	ネオリベラリズム	コンストラクティヴィズム
変化のエージェント	覇権	覇権（もしくは数カ国の主要国）	多様なアクター（小国・非国家アクター）
規範がアクターに浸透する程度	なし（単なるパワーの由来現象）	規範はコスト・利益の計算を変更する	高い（規範はアクターのアイデンティティを変更する）
アクターの動機	相対的利得の計算	既存のレジームで絶対的利得計算	規範やアイデンティティを大きく考慮

表5-4　ドイツの対外行動

	ネオリアリズム	リベラリズム	コンストラクティヴィズム
行為の論理	結果の論理	結果の論理	適切性の論理
分析レベル	システム	下位システム（国家）	両レベル
従属変数	権力政治	利得追求政策	規範一貫的政策
独立変数	パワーの位置	国内利益	国際・社会的規範

コラム5◆対外行動の比較研究

三つの対外行動論の比較研究は、欧州安全保障協力機構（OSCE）における小国の対外行動に関する研究（西村 二〇〇〇）と統一後のドイツの対外行動を分析したヴォルカー・リットバーガーらの研究（Rittberger 2001）が代表的なものである。まず西村めぐみの研究は、「いかなる条件の下に、特定の規範が実際にとられた国家行動に影響力を持つか」を明らかにするために、三つの対外行動論の比較を行っている。その比較分析枠組みをまとめると、表5-3のようになる。作業仮説は第一に、国際構造上において、超大国政治の行き詰まりが生じている場合には、フランス、スイス、オランダのような小国の規範が影響力を持つ局面がしばしば見られる。第二に、フランス、スイス、オランダのような小国の規範は、超大国が創設し、制度化されたレジームの存在しない争点領域で影響力を有しやすい。第三に、規範による社会化は、戦争とか危機のように国際的な混乱と正統性の危機の際に生じやすい。第四に、特定の新しい規範が重要性を有するには、事前に政治的論争が変化し、既存の政策の失敗に気づき新たな政策形成を行おうとしている国家エリートが存在することが必要である。以上の分析枠組みと作業仮説に基づき、規範の影響が観察される一二の事例を分析した結果、次のような点が明らかになった。すなわち、第一仮説は十分検証されたが、新しく発展していく規範の具体的な内容と方向性について明確に説明できない。第二仮説は部分的に正しいが、OSCEの中で、法的PSD（紛争の平和的解決）の規範が影響力を有してきた理由を説明することができない。第三、第四仮説は高い説明力があるが、それだけでは規範の影響力を十分説明することはできない。したがって、フランス、スイス、オランダの規範が影響力を有する条件を説明するためには、第一、第三、第四仮説を統合することが必要である。

第二の共同研究は、統一後のドイツの対外政策を三つの対外行動論から説明しようとした意欲的な研究である。表5-4が示すとおり、ネオリアリズムの仮説は、統一後のドイツはその自律性と影響力を高めようと行動するというもの。（功利主義的）リベラリズムの仮説は、統一が国内の利益構成を大きく変えることがなかったので、統一後のドイツは、これまでと同様、利得追求型の対外行動を継続するというもの。そしてコンストラクティヴィズムの仮説は、ドイツの対外行動は規範が変化するときにのみ変化するというものである。

両者の問題設定や仮説の検証に関しての相違はあるものの、比較研究を通じて三つの対外行動視座の説明能力が明らかになる。

第6章　日本の対外行動

戦後日本は徹底した経済外交を展開し、一九六〇年代半ばに先進国の仲間入りをした。戦後二〇年ほどで達成されたその展開過程があまりにも急激であったため、「日本の蘇生」が世界的な関心を惹起したとしても不思議ではない。比較研究という点に対外行動論の構築に対する日本の貢献が存在するわけであるが、はたして日本の事例は国際関係論にとってどのような意義があるのであろうか。そもそも日本は独自の対外政策（グランド・ストラテジー）を保有しているのであろうか。それは対立行動や協調行動に関する新たな視点を提供し得るのであろうか。本書最終章では、第一に、これまでの様々な日本型モデルを概観し、対外行動の典型的パターンである「吉田ドクトリン」と、外圧を重視する「反応型モデル」の特徴と問題点を明らかにして、代替モデルの可能性を検証する。第二に、これまでに議論された三つの国際関係理論（リアリズム、リベラリズム、コンストラクティヴィズム）を日本の対外行動の説明に適用するとどのような解釈が成り立つのか、最近の事例研究の成果を通して検証する。そして最後に、各種のモデルを統合する包括的アプローチの可能性と課題を探る。

1——日本型モデルを超えて

資源の少ない海洋国日本は、米国の核の傘に依存する同盟関係の枠組みの中で、経済大国への道をめざしてきた。首相によるリーダーシップの欠如や自民党内の派閥などの国内要因の特殊性を強調すると、日本外交は自主的な政策執行が不可能であるという議論が出てくる。この意味で、ケント・カルダーの書評論文（Calder 1988）によって定着した感のある**「反応型モデル（reactive model）」**（後述）が注目されるのであるが、はたして日本の対外行動は常に外圧に動かされてきたのであろうか。戦後の日本外交を概観すると、賠償交渉から始まり、日ソ交渉、日韓交渉、日中交渉、対米交渉などが主要なものであったことが判明する（平田 二〇〇三）。これらの事例からどのような行動パターンが看取されるのであろうか。誤解を恐れずに要約すれば、第一に、対米依存から自主路線への傾斜、第二に、決定要因の複雑化と国内要因との連携、そして第三に、物質的要因の重視から観念的要因の重視へ、である。特に、一九九〇年の湾岸戦争と一九九三年の「五五年体制」の崩壊は多くの政治的変容をもたらし、日本の対外政策にも変化の兆しが看取される。それは、「普通の国」の台頭とエリート主義から多元主義的アプローチへの変化として解釈され、多様な国内要因が重視されている（外交政策決定要因研究会 一九九九）。この意味で、まずもって検討すべきは、日本の対外行動が対米依存（「吉田ドクトリン」）から自主路線に傾斜しつつある点と、伝統的な解釈である「外圧・反応型モデル」の再評価である。

1　吉田ドクトリンは永遠か

高坂（一九六八）や永井（一九八五）が指摘するとおり、日本では戦後の経済的奇跡を説明する際に「吉田ドクトリン」や「吉田路線」の役割を重視する見方が定着している。吉田ドクトリンとは、様々な解釈があるものの、軽武装、経済第一主義、政経分離、国際的な不介入主義、日米基軸などの諸要因からなり、戦後日本の対外行動を規定してきた（パイル　一九九五）。冷戦後、吉田ドクトリンからの脱皮が議論の俎上に上っている。その一方で、吉田ドクトリンは経済だけでなく安全保障をも重視した経済安全保障外交を展開していたという意味で「重商主義的リアリズム」（Heginbotham and Samuels 1998）と捉える研究も出ているが、その妥当性に関しては議論が分かれるところである（Grimes 2003）。

一九九〇年代末になり、歴史的資料が公開されると、田久保・太田・平松（二〇〇〇）、菅他（二〇〇二）、中西（二〇〇三）などが多方面からの再評価を行っている。特に、豊下楢彦（豊下　一九九六、二〇〇一）は「日本型の現実主義」を批判し、「軽武装・経済中心」の吉田外交は、対米追随外交に過ぎず、ジョン・ダレス特使との会談で吉田茂が再軍備を拒否したという「吉田神話」も虚構に過ぎないと結論づけた。中西寛は、これまでの論争を四つの観点から整理し（①経済ナショナリズムの別称としての日本型重商主義批判、②安保ただ乗り批判、③小切手外交に対する批判、④左派からの批判）、これまでの論争に関する問題点を指摘している。それは、吉田ドクトリンの評価という形式に集中することで、議論の幅を狭めている危険性である。中西は、「今日の日本外交を論じる上でも、世界システムの現実がどのようであるかという『認識』と、どのような国際政治が望ましく、日本は何をめざすべきかという『当為』とを意識し、その両者をいかに埋めるべきかという議論がなされなくては、今日における『吉田ドクトリン』の当否も真の意味で論じることは不可能であろう」（中西 二〇〇三、三〇七頁）とする。

論争が継続する一方で、新たな対外路線の発見に関する研究も進んでいる。それは、鳩山一郎や岸信介等の「反吉田グループ」による、従属的な対米主義でない「**自主外交路線**」の再評価である。実際、戦後の日本外交は対米依存（対米協調）と自主外交とに「振り子」が揺れ動くような側面があった。例えば、岸によるアジア重視型自主外交と池田・佐藤政権時代の対米重視外交がそれである。そして、一九七〇年代後半の「**福田ドクトリン**」（Sudo 1992; 若月 二〇〇六）も、もう一度アジア重視の自主外交に揺れ動いた一例であろう（コラム6を参照）。このように、日本の対アジア政策には自主外交の実践の跡が確かに看取できることから、能動的で積極的（proactive）な対外行動パターンの検証が注目されている（Anderson 1993; Yasutomo 1995）。

2　外圧と日本の対外行動パターン

次に検討すべきは日本の外交を左右する「**外圧**（external pressures）」の問題である。「〈外圧─反応〉の循環を超えて」という論文（山本 一九八七）が指摘するとおり、一九六〇年代から日本外交は、日本商品の競争圧力→米国の政治的圧力→日本の受動的反応というサイクルを繰り返してきた。一国の対外政策は常に国際環境からの影響を受け、それに反応するという側面を有しているが、日本の場合は米国からの圧力が国際環境の主要な構造的要因になっているという問題である（Miyaoka 1997；ペンペル 二〇〇〇）。それでは「外圧」とは何か。外圧とは「ある問題に対して国内に主要な対立があるとき、その問題に対し加えられる外からの影響力行使の企て」（田中 一九八九、二五頁）と定義され、通常次の四つの場合を意味している。⑴外国政府が直接日本政府に圧力をかける場合、⑵外国の議会が問題として取り上げ、それを日本のマスメディアが報道する場合、⑶外国の市民団体が自国で訴え、それを自国の議会、裁判所などが取り上げ、日本のマスメディアが報道する場合、そして⑷外国の政府団体や企業が、日本国内でロビー活動する場合（曽根 一九八九、一一八—一一九頁）。また、田中明彦は「外圧の効用」を次の四つの仮説に整理している。①日本に対して外圧は強くかければかけるほど効果がある、②外圧は、対象となる問題に関して国内政治の力の分布が伯仲しているとき、より効果がある、③外圧は、米国と中国のみの専売特許である、④外圧は、国境措置（関税、その他輸出入規制、投資規制）に関してもっとも効果があり、対外政策や国内政策には、それほど効果はない（田中 一九八九）。

このような「外圧の効用」に基づく日本外交研究は数多い。環境政策を分析したシュラーズ（一九九四）や、貿易政策を分析した Mikanagi（1996）、Naka（1996）、対外援助政策を分析したオアー（一九九三）はその典型である。ロバート・オアーは、政府開発援助（ＯＤＡ）の政策形成過程で、米政府からの外圧が日本国内の省庁対立に組み込まれ、外務省がその外圧を利用して自省利益を増大したことを明らかにした。しかし、外圧は強くかければかけるほど効果があるとする仮説は否定され、次第に外圧と国内政治状況との関連性に関心が移されていく。例えば、須田（一九九九）は、外圧の有効性は国内政治に左右される、すなわち外圧が効果的であるのは国内の政治状況と適合性を持つときであるとする説（Krauss 1993 ; Schoppa 1997）を、電気通信政策に関する三つの事例（衛星通信事業、自動車電話事業、国際通信事業）から検証した。

こうした研究に影響され、カルダーの「反応型モデル」が再評価される。反応型モデルとは、国家権力の分散的性格――省庁間の縄張り争い、強い政治リーダーシップの不在、自民党の派閥政治――などの構造的制約が国際社会における日本のイニシアティブを困難にしており、したがって、日本が国際社会で行動する場合は、米国からの圧力がかかるときであるというものである。カルダーの反応型モデルに対して、宮下明聡は、以下の二点から疑問を呈している。第一は、分析的有意性、第二は反応の源泉である（Miyashita 2003）。第一の問題は、カルダーが主張するように、日本が政策イニシアティブを追求する強いインセンティブを持っているのか、そしてそれが国内制度によって制約されるのかどうかが明らかでない点である。第二は、反応性の「ソース」の問題であり、カルダーは国内要因を強調するが、批判者は日本の反応は「意思」の問題であるという。これらの問題点は各種の事例を積み重ねることによって初めて解明されるのであるが、これらの指摘によって、反応型モデルの問題の所在が判明したことは疑いない(1)。

一九九〇年代に入ると、外圧に依存する日本の対外行動の再評価が行われ、欧米ではポスト吉田ドクトリンの模索が議論されるなど、積極的に日本の対外行動を評価する研究も出ている。例えば、マイケル・グリーンの「**消極的リアリズム**（reluctant realism）」論（Green 2001）やミン・ワンの「**戦略的バラ**

ンス（strategic balance）」論（Wan 2001）はその典型例であろう。両者とも通説の反応型モデルを否定し、「普通の国」による対外行動として日本の外交を捉える必要性を強調する。それでは日本の対外行動が反応型でないとするると、どのようなスタイルなのであろうか。近年の主要な文献を書評した論文によると、「静かな外交」や「合気道外交」、「間接的（背後からの）リーダーシップ」などが反応型の代替として挙げられる（Potter and Sudo 2003）。「静かな外交」と「合気道外交」（Hook, et al. 2001）は、欧州の日本研究者による名称であり、表面的には動いていないように見えても水面下で効果を発揮しているという「水鳥外交」に近似した概念である。また、「間接的（背後からの）リーダーシップ」とは、アラン・リックス（Rix 1993）が提示した対外行動スタイルであり、日本のアジア外交は、表面的には積極的なリーダーシップを発揮することはないのであるが、側面からアイディアの提供を通じて関係国を動かし、望ましい政策を実現するという特長を有しているとする。例えば、アジア太平洋経済協力会議（APEC）の発足に至るプロセスでの日本の役割にその特徴が具現化されている。しかし、はたして、宮下の批判を超えるだけのモデルになり得るかどうかは予断を許さない。こうした代替モデルの構築は今後のいっそうの成果を待つ必要がある。一九九〇年代以降の日本の対外行動が経済外交一辺倒でなく、外圧でしか動かない反応型でも十分説明できないとすると、どのように説明したらよいのだろうか。次節以降、三つの対外行動論からの説明を試みることにしたい。

2—リアリズムと日本の対立的対外行動

対立行動に着目するリアリズムの観点から日本外交を説明するとどのような特徴が導き出せるのであろうか。ここでは、日本のグランド・ストラテジーでもある吉田ドクトリンをめぐる議論を整理し、ネオリアリズム的視点から日本の安全保障政策と同盟政策に焦点を当てる。

1　特殊なリアリズム国家としての日本

これまで日本の特殊性が強調されることにより、主要な国際関係理論の対象として日本外交が説明されることは皆無であったと言ってよい。しかし、ポスト冷戦期になると徐々に日本外交をリアリズムの視点から捉えようとする研究が見られるようになった。例えば、吉田ドクトリンの見直しを行った川崎剛は、吉田路線の理論的根拠を「国内政治要因や理念的要因、さらには歴史的特殊事情を捨象した、いわば国際体系レベルと物質的要因に純化した議論」で捉え直し、結論として「吉田路線は、日本がその戦略環境の要請にほぼ合理的な対応をしている結果として理解できる」ことを強調した。川崎は「ポストクラシカル・リアリズム」という概念を援用して、(1)なぜ中立でも日露ないしは日中同盟でもなくて日米同盟でなければならないのか、(2)なぜ核武装・重武装、あるいは非武装でなくコンパクトで守備重視の軍備でなければならないのかという、戦後日本の安全保障にとって根本的な問題に挑んだ。それは、

「紛争の可能性」でなく「紛争の蓋然性」に基づいて国家はその軍備を整えるからであり、そこに吉田路線の特徴があるという。川崎は、「北東アジアにおける地政学的条件の下で、安全保障のジレンマの激化の回避ならびに自国の経済的国力の温存・発展をはかることにより安全の確保を日本が図っていると想定するならば、米国との同盟とコンパクトで防衛的な軍備の充実という二つの政策は日本の合理的選択の結果として理解できる」と結論づけた（川崎 二〇〇〇、一三二頁）。

また、グリーンの「消極的リアリズム」論はリアリズム的行動を予見するものである。それは対米依存の「吉田ドクトリン」と「外圧・反応」型外交を乗り越えようとする対外行動の現われに他ならない。グリーンは、ポスト冷戦期の日本外交の変化として、①相対的パワー関係、特に中国への関心の増加、②安全保障の重要性の明確な認識、③グローバルなシビリアン国家としての自己規定、の三点を強調する（Green 2001, 33-34）。特に、橋本龍太郎首相の「ユーラシア外交」はこの「消極的リアリズム」を象徴する政策であると主張する。なぜならば、それは「中国のパワーとの均衡を図り、日本の高いコストを覚悟のうえでアジア諸国との中国の連携を防ぐ目的を有している」（Green 2001, 164）からである。

2　日本の安全保障政策と同盟行動――バランスかバンドワゴンか

リアリズムの観点からすれば、日本の安全保障政策と同盟行動ほど、その予想を裏切るものはない。ポスト冷戦期に日本は核武装するというケネス・ウォルツの「予言」（Waltz 1993）が見事に外れたように、リアリズムでは日本の非核政策を説明できないからである。それでは、リアリズムと日本の対外行動は相容れないのであろうか（豊下 二〇〇一）。まず日本の安全保障に関する議論を整理し、その中から同盟行動について考察する。

日本の安全保障は、日米安全保障条約に依拠し、核の傘の提供と在日米軍の軍事プレゼンスに大きく依存している。冷戦期には、ソ連と中国（一九七〇年代まで）という共通の仮想敵国が存在したことにより、日米同盟の緊密化と安定化が図られ、ポスト冷戦期には、「日米同盟のレジーム化」（南山 二〇〇四、二〇七頁）が「日米同盟の再定義」という形で実現された。これまでの議論は、第一に、冷戦後の日米同盟の強化は「見捨てられる恐怖」から説明されるかどうか、第二に、日本の同盟行動はバランスの要因が強いのか、それともバンドワゴンの要因が強いのか、という点である。

まず、一般的に、日米同盟の初期段階は「**巻き込まれる恐怖**（fear of entrapment）」によって、デタント期の一九七五年以降は「**見捨てられる恐怖**（fear of abandonment）」によって説明される（土山 二〇〇四）。「巻き込まれる恐怖」とは、非対称的国家間の同盟関係において、弱い立場の同盟国は優位な国家の対外戦略に巻き込まれる危険があるとする議論であり、「見捨てられる恐怖」とは、対称的な同盟関係になると、同盟関係が解消される危険があるとする議論である。例えば、巻き込まれるリスクを減らすために中立的立場や非協力という同盟を緩める行動をとると、見捨てられるリスクを高めることになる。同様に、見捨てられるリスクを減らすために同盟を強化すると、この行動は巻き込まれるリスクを高めることになるだけでなく、同盟が想定する敵対国との間で安全保障のディレンマを引き起こすことになる。この議論は検証可能であろうか。岩瀬（二〇〇一）によれば、この仮説は正確でなく新たな説明モデルが必要であるという。なぜならば、一九〇二年に結ばれた日英同盟の事例では見捨てられる恐怖の増大が同盟の強化に繋がらず、かえって「日本がイギリスに見捨てられることを制度的に承認した」結果となったからである。

第二は、**バランス行動**（balancing）か**バンドワゴン**（bandwagoning）かという、日本の同盟行動に関する相反する議論である。ランドール・シュウェラーが指摘しているとおり、バランス行動とは、パワーのより大きい国、より大きな脅威をもたらす国に対抗して第三国と同盟することを意味している（シュウェラー 二〇〇二）。それに対して、バンドワゴン（勝ち馬に乗る）行動とは、逆にそうした国と提携して同盟を結ぶことを意味している。例えば、土山實男は、日米関係は基本的には日本による米国へのバンドワゴンであると主張し、日米基地貸与協定の性格からソ連へのバランスであるとする意見には反対する（土山 一九九七）。一方、長谷川将規は、四つの同盟政策（日英同盟、日露協約、日独同盟、日米同盟）をウォルツの勢力均衡論（強い国へのバランス）とスティーヴン・ウォルトの脅威均衡論（強い国へのバンドワゴン）という観点から分析した結果、次のような結論に至っている。第一に、四つの同盟は、ウォルトの脅威均衡論を支持している。すなわち、日本の同盟政策は、脅威への均衡化が支配的である。第二に、日本の同盟政策は、仮想敵国にパワーで劣る場合、同盟によってこれを埋め合わせてパワーの均衡化をはかる傾向があり、その意味で勢力均衡論の仮説に一致する。ただし、日本が重視したパワー関係は、グローバルなパワー関係ではなく、アジア太平洋という地域レベルでのパワー関係であった。第三に、同盟の分裂と継続に関しても、勢力均衡論には難点がある（長谷川 一九九九、一〇〇―一〇一頁)。

はたして、両者の意見は矛盾するのであろうか。岩瀬(二〇〇一)は、両者は矛盾するものでなく、「同一コインの表裏」であるとする。実際、戦後の状況は、パワー基準に即して言えば、米国よりもソ連の方が小さく、脅威基準に即して言えば、米国よりもソ連の方が大きいことから、日本の同盟外交は、パワー基準の米国へのバンドワゴンであり、同時に、脅威基準のソ連に対するバランス行動となる。

前述したポスト冷戦期の変化は、「見捨てられる」要因よりもパワー基準の中国に対するバランスを重視した政策であろう。グリーンの「消極的リアリズム」論では、中国に対する消極的なバランス行動が強調されているし、同様に、クリストファー・トウメイ(Twomey 2000)も中国に対する日本のバランス戦略の可能性を論じている。彼は、「中国の台頭に対して、日本は可能であればバランス行動をとり、不可能な場合はバンドワゴン行動を余儀なくされる」という伝統的リアリズムの予測に対して反論し、日本はバランスかバンドワゴンかではなく、防衛的リアリズムに基づく**「抑制的バランサー」**(circumscribed balancer)」としての役割を志向すると予測する。なぜ「抑制的バランサー」なのか。その理由として、「抑制的バランサー」には以下の三つの特徴があると指摘する。第一に強固な対抗同盟を回避する傾向、第二に地理的・機能的領域における対抗国の成長に対する関心の狭さ(許容度の広さ)、そして第三に防衛的な戦略の重視である。つまり、日本の行動は、攻撃的戦略を避け、広範囲な封じ込め政策への関与を制限し、中国の台頭に対する許容度を広げながらも、中国のパワーがアジアにおいて圧倒的にならないように均衡を図ろうとする、と説明・予測できる。

3　経済摩擦と日本の対外行動

日米関係には安全保障面での協調関係と経済摩擦のような対立関係が複合的に交錯している。リアリズムの観点から言えば、国家は相対的利得を追求することから対立関係が必然的に起こるが、日米関係はどのように説明できるのであろうか。谷口（一九九七）は、一九九五年に合意した日米自動車協議に見られたように、外圧行動は強まっているのにもかかわらず交渉は難航するという事象が、これまでの「外圧効用論」では説明できず、外圧が交渉促進要素であるとするアプローチには限界がある点を立証する。このため、(1)政策決定者の外圧認識、(2)政府―業界間のポリシーネットワーク、(3)政治家の行動パターン、(4)政策遺産（行政組織の選好とスキルに関わる諸要素）という四つの変数からなる分析枠組みを構築し、それに基づいて一九八〇年代までの交渉と一九九〇年代における交渉の変化を通じて、対米貿易交渉過程の全体像を描き出そうとした労作である。事例研究の結果、外圧が交渉促進要因であった一九八〇年代までの「従来の構造」は、一九九〇年代に入り大きく変容したこと、その理由として四つの変数の全てにおいて交渉促進機能が作動しなくなった点が明らかにされる。実際、一九九五年の自動車協議を見る限り、日本における外圧認識の低下、ポリシーネットワークの弛緩という理由で、業界と政府との相互作用の局面で作業が難航する。そして、政治家もこうした説得活動を必ずしも促進せず、行政府内部でも交渉促進要素が枯渇している状況であった。結果として、「〔外圧の〕交渉促進要素はあてはまりにくくなっている。または逆に交渉を難航させる方向に変質している。一方で交渉難航要素は該当機会が増大している。これにより対米貿易交渉は従来よりも合意が得られにくくなっている。外からの課題設定への弥縫策としての役割を担った対米貿易交渉は、もはや日本政治のイモビリズムを代位するという副産物を望み得ぬものに変質していたのである」(谷口 一九九七、二二九頁)。

それでは、日本の対外行動はより相対的利得を重視することによって米国との対立行動を志向するようになってきているのであろうか。事例研究から見る限り、リアリズムの相対的利得を日米関係に直接適用したケースはほとんど見られない。しかし、次期支援戦闘機(FSX)開発に関しては例外的に適用されている(Mastanduno 1991; Spar 1992)とおり、テクノ・ナショナリズムの興隆によって、外交関係の複雑化や相対的利得をめぐる軋轢が激化する可能性を否定することはできない。

以上のことは、日本が国内要因の「経済パワー」を駆使して「戦略的バランス」を実践しているというワンの説(Wan 2001)に近づいていることを意味している。それはまた日本の対外行動がリアリズム的行動に接近していることを示唆していると言えよう。小泉政権時に顕著となった「官邸外交」もこの傾向と無関係ではない(信田 二〇〇四)。

3—リベラリズムと日本の協調的対外行動

第4章で見たように、国内要因を重視するリベラリズムは、国際システム要因との連携を目指し、ロバート・パットナムの「ツーレベル・ゲーム」の検証に集中するようになった。一方、新制度論に影響を受けるリベラリズムは、国際レジームや、国内要因としての選好と国内制度に分析の焦点を当て、国家の協調行動を説明する。ここでは、まずツーレベル・ゲームによる日本外交の説明を考察した後に、国際レジームと選好・国内制度に関する研究を検討する。

1 ツーレベル・ゲーム

一九八八年の発表以来、多元主義を代表するパットナムの「ツーレベル・ゲーム」論は国際的に注目されているが、特に日本の事例において使用されることが多い。(2) 例えば、適用例としてレオナルド・ショッパ（Schoppa 1997）は、ブッシュ（父）政権下の日米貿易不均衡の是正を目的とした日米構造協議と、クリントン政権下の日米包括経済協議における日米交渉を分析し、ある分野において、米国の圧力は日本側の譲歩をもたらしたが、他の分野ではなぜ米国が日本政府に市場開放を推進させることができなかったのかを説明した。ショッパは、パットナム・モデルでは想定されていない参加拡大戦略（participation expansion strategy）と政策代案の特定化戦略（alternative specification strategy）を新たに加えることにより、外圧が日本の国内政治と相乗効果を生み出すことが可能な場合に、米国は日本からより多くの譲歩を獲得することができる点を明らかにした。参加拡大戦略とは、日本の国内で外圧を支持する勢力の影響力を拡大させるために、問題領域の政策過程に政策エリートと大衆の参加を促す戦略である。政策代案の特定化戦略とは、日本国内で政策を模索している状況において、政策代案を導き出す過程に影響を与えようとする戦略である。しかし、ショッパの研究においても、第一に、米国の国内政治過程に対する視点が欠如している、第二に、日本の国内アクターの戦略的交渉が国際交渉に影響を及ぼすのかという説明が欠落している、という問題点が指摘されている（中戸 二〇〇三、三四―三五頁；Meyerson 2003）。この点を改善したのが次に取り上げる中戸祐夫の研究（中戸 二〇〇三）である。

この研究の目的は、(1)日米包括経済協議の三つの優先分野と既存協定として位置づけられた半導体をめぐる日米通商交渉を事例として、経済的相互依存が深化した状況での政策過程を分析する際により適切だと思われる枠組みをパットナムのツーレベル・ゲーム・モデルに依拠して提示すること、(2)それぞれの交渉において、なぜ異なる交渉結果が生じたのかについて明らかにすること、(3)それぞれの問題領域における日米通商交渉が、どのようにして日米間で合意に至ったのかを明らかにすることという、三つの課題を解明することである。まずこれまでの先行研究を検討すると、国際レベルによる説明（覇権安定論と国際制度・レジーム論）には、「国内レベルの問題をブラックボックスとして扱う」という問題があり、国内レベルによる説明（社会中心アプローチと国家中心アプローチ）にも、「国際関係に対する国内要因インパクトを扱ってはいるが、国際関係の変化が国内政治に与える影響に対する視点が欠如している」という問題があることを指摘する。その結果、パットナムのモデルを日本の事例に応用したショッパの研究（Schoppa 1997）を評価しつつ、独自の要因を加味した分析枠組みを提示している。

新たな要因は、相手国の国内アクターが対抗戦略をとることで自らの目的を達成しようとする視点を取り入れたことである。具体的には、交渉担当者の戦略として、脅迫と対抗脅迫、トランスガバメンタル戦略（ある官僚組織が他国の官僚組織の一部と結託して、自国の敵対する官僚組織に対して優位な立場に立とうとするような戦略)、交渉担当者間の共謀戦略、そして相乗効果を生じさせるための反響戦略、脅迫戦略、問題連携戦略などである(中戸 二〇〇三、第一章)。四つの事例研究(政府調達、自動車、半導体、保険)の結果、次のような結論に至っている。(1)日米関係の基本構造が変化していないため、米国の外圧に日本がどう対応するかという関係は継続する。(2)外圧を一つの定数として捉えることは適切でなく、日本側の対応によって米国の政策変更がもたらされる可能性を認識する必要がある。(3)日本の企業や業界団体などの国内アクターが米国の企業や業界団体などの国内アクターや米政府に働きかけることで、日米通商交渉の性質を変化させることが可能である(中戸 二〇〇三、二六九頁)。

また、小野(二〇〇二)は、日米間の協調的関係の構造を「二分野―二レベル・アプローチ」という観点から分析し、三つの基本問題――(1)第二次大戦後の安定的な日米関係はいつ、そしてなぜ成立したのか、(2)冷戦期間中、なぜこの安定的な関係は維持されてきたのか、(3)なぜ、冷戦後もこの日米関係が継続しているのか――に答えようとした労作である。これらの問題に答えるためには、これまでの伝統的なアプローチ、すなわち、国際システムと同盟では不十分であり、国家レベルを対象とした分析を行うことが不可欠であるとし、次のような概念を重視する。まず、国民国家は「与えられた国際システムの構造を前提としたうえで、それぞれの国家利益(国益)を最大限に確保するために行動する」と仮定する。そして、構造的国家利益とは、「長期的に維持される国家利益であり、各国の国家レベルの制約要因ないし構造的な特徴を反映し、国内の構造変化なしには簡単に変わることのない、長期的な国家利益、すなわち、個人のレベルでは設定あるいは変更不可能な国家利益」であると定義する。

この研究で援用される「二分野―二レベル・アプローチ」とは、⑴分析の対象は長期的な二国間関係、⑵二国間関係の決定要因は二分野（安全保障と経済）・二レベル（国際システムと国内）、⑶国家利益の構成要素は安全保障および経済要因、とする分析枠組みである。事例として、日米関係の成立期（一九五〇年代まで）、日米関係の維持期（一九六〇年代から一九八〇年代）、そして日米関係の継続期（一九九〇年代）という三つの時期を分析した。その結果、第一に、初期段階において、北東アジアにおける脅威の低い状況と米国による一連の安全保障条約との組み合わせによって二重に保護されているという「二重保護安全保障環境」と、これを所与とした日本国内の政治状況および日米経済関係によって日米関係が成立し、第二に冷戦期間中の日米関係の国内要因によって両国関係の維持・強化が図られ、そして第三にポスト冷戦期においても、日本は政治・経済両面で現状維持を続けたため、米国依存を続けるしか選択の余地はなかった、という結論に至る。特に、方法論的な面に関して、国際システムの構造的変化が起きても二国間関係が変化するとは限らないことが明らかにされたことにより、国家行動の説明には国家レベルの要因が不可欠であることが強調されている。

2　国際レジーム・選好・国内制度と協調行動

日本の協調行動は、ネオリベラリズムが重視する国際レジームや、国内要因としての選好や国内制度にも影響されている。国際レジーム論に基づく本格的な研究として、日本の関税及び貿易に関する一般協定（GATT）への加入問題に関する赤根谷（一九九二）がある。周知のとおり、日本は主権回復直後にGATT加入によって最恵国待遇を得ようとしたが、日本への最恵国待遇供与に反対する国（英国、オーストラリア）は、加入を遷延させようとしたり、あるいはGATTのルールを変更しようとしたために、国際的な対立状況が生まれることになった。しかし、最終的に、それらの諸国も一九五五年九月に日本のGATT加入を認め、日本に留保条件付きの最恵国待遇を与えた。

この研究の目的は二つあり、第一に、日本のGATT加入に至る過程と、その過程における米英両国の政策、そしてGATTをめぐる英国・オーストラリア・米国間の確執とその歴史的展開を記述すること、そして第二に、GATTレジームの原則やルールは、どのように、そしてどの程度、各国の政策決定や外交交渉過程で考慮され、そして問題解決の仕方に影響したのかという問いに答えることである。

事例研究では、特に「イギリスとオーストラリアが日本のガット加入に賛成票を投じ、日本と修正されたガット関係に入ったのはなぜか」という疑問が解明される。すなわち、GATTへの仮加入を獲得するプロセスを日米の政府とGATT事務局の巧妙な外交戦略の帰結として捉え、一九五五年九月の正式加入は、冷戦の深刻化に伴って、英国およびオーストラリア政府内で加入賛成派が力を得ていくことを米国政府が利用することにより、可能となった点を強調する。当然、その理由としては、米国の圧力や国内政治（政治勢力の選好）、国際環境の変化といった要因が考えられる。しかし、レジームの規範も国家行動に影響を与える重要な要因であり、そこにレジームの効用が存在している。レジームの規範は具体的には次の三つの方法で国家行動に影響を及ぼす。第一に、国際的な規範の存在は、意思疎通の手掛かりとなり、情報伝達を促進する。第二に、規範の存在は、意思決定が行われる社会的環境を構成する。そして第三に、規範は行為を導く指針としての役割を果たす（赤根谷 一九九二、三二一―三二二頁）。つまり、レジームが国家行動に及ぼす影響のパターンとして、政策決定の社会的文脈を設定する点、道標として各国の行動を導く点を指摘している。

古城（一九九六）は、一九六〇年代以降の経済的相互依存状況の深化における国家の政策選択の変化を説明する上でこれまでの二つのアプローチ（国際システムの構造から国家の政策を説明するアプローチと個別の摩擦の事例を具体的に研究する方法）を批判し、第一に、国内の要素を分析の射程に入れること、第二に、同じイシュー・エリアにおける異なる時期の国家の政策選択を比較することが求められているとしている。

以上の批判から分析枠組みは、国際経済が国内社会に与える影響を重視し、国家の対外行動の選択肢に対する社会の選好と、その選好を国家の政策過程に反映する政治制度という要素を含むものである。特に、国家の対外経済領域に関する政策選択は、国内社会においてコストと利益の配分を引き起こし、その配分は、社会集団の置かれた経済的状況によって不均等な性質を持つものであるため、社会集団は、国家の対外経済政策の選択肢に関してそれぞれの立場に基づいた選好を持つことを強調する。そして、第一に、日本においては、他国と異なり、為替レートの変更に反対する社会的選好が強く表明され、第二に、このような反円高の社会的選好に対して、日本の政党は、与野党、保守革新を問わず各党とも敏感に対応し政治過程に反映させたため、国際収支の是正政策として、為替レート政策を適用するよりもマクロ経済政策を適用する選択が推進された、という作業仮説を提示した。

事例研究では、国際経済体制における国際収支の不均衡是正問題を取り上げ、その解決過程における日本の政策過程を分析している。具体的には、日本の国際収支の黒字是正が政治問題化した事例として、(1)一九六八〜一九七三年、(2)一九七七〜一九七八年、(3)一九八五〜一九八七年、の三つの事例を比較することによって、一九六〇年代以降の経済的相互依存の進展がどのように国家の政策選択を変化させたのかを検証した。アプローチとしては政治経済学の視角を重視し、次の二つの国内要因に焦点を当てている。第一は、国際収支の不均衡是正に関する選択肢に対してどのような「社会的選好」が表明されるのかという点であり、第二は、「社会的選好に対応する政治構造」であり、これは政党の対応の仕方を意味している。

三つの事例を分析した結果、二つの仮説は支持され、「国内的要素が国際的に協調的な政策の選択を国家に促すことがある」（古城 一九九六、二八七頁）という一般的命題が提起された。はたして、こうした研究結果が一九九〇年代以降にも妥当するのかどうか、今後の検証作業が待たれるところである。

対外金融政策に関しても、選好や国内要因を重視した研究が見られる。例えば、牧野（一九九九）は、一九七一年のニクソン・ショックからスミソニアン合意までの日本の対外通貨外交を分析した結果、国内諸勢力が政策転換の主契機を構成したこと、実業界のパワー・エリートがきわめて大きな役割を果たしたことを明らかにしている。また、片田（二〇〇二）は、三つの事例（一九八〇年代のラテンアメリカ金融危機、一九九〇年代半ばのメキシコ通貨危機、一九九七〜一九九八年のアジア金融危機）を取り上げ、それらに対する日本の金融政策を分析した結果、「日本は国際金融秩序の安定のために、国際公共財ではなく、日本の私的利益との混合財とみなして行動する」という結論を導いている。すなわち、日本が金融支援に積極的に関与する条件は、第一の事例のように、多額の貸付をしていた邦銀に対する私的利益が見込まれる場合であり、そうでない場合は、第二の事例のように、消極的になる。第三の事例では、積極性と消極性の両面を示したことから、一貫性のない政策となったとしている。その原因として、片田は、日本の経済力が一九八〇年代とは逆転していたことに加え、金融機関の間のトランスナショナルな絆の弱まりや、日本における政権交代による大蔵省と金融機関の結合の弱化などが影響したと指摘する。

4―コンストラクティヴィズムと日本の対外行動の変化

リベラリズムの一環として始まった「アイディア・アプローチ」は、九〇年代後半にコンストラクティヴィズムの進展によって新たな分野として注目されているアプローチの一つである（本書第4章第5節および第5章を参照）。アイディアの機能として、ロードマップ、フォーカル・ポイント、組織的持続性(Goldstein and Keohane 1993) の三つが考えられており、政策決定者のアイディアには規範や間主観的な信条などが含まれることから、国家行動の変化の説明に適したアプローチである。最も広い定義に基づけば、「コンストラクティヴィズムとは、外交政策における価値観、アイデア、規範、原則など非物質的要因の与える影響に着目する視点である。また特にディスコース（言説）は独自の論理を有し、国家行動を拘束する」(飯田 二〇〇三、一五九頁)。このように、アイディアはアイデンティティの形成要因としても捉えることができるとすると、両者の適用領域はいっそう広がることになる。日本における「アイディア研究」にはいかなる特徴があるのか。本節では、日本における「アイディア・アプローチ」の研究成果が限られていることから、主要な四つの研究を取り上げることにする。

1　アイディアと対外行動の変化

最初の論文はアイディア概念を導入し、「吉田ドクトリン」からの脱皮を試みた「福田ドクトリン」の形成過程を分析した筆者の『アイディア』と対外政策決定論」(須藤 一九九五)である。欧米重視からアジア重視へという対外行動の変化を説明する分析枠組みとして、四つの要因(国際環境、地域環境、国内政治、アイディア)が独立変数として組み込まれている。この枠組みに基づき、これまでの経済外交の実践としての東南アジア政策が、一九七四年の反日運動などの要因により機能しなくなった事態を受けて、政策決定者が新たな「政策アイディア」を打ち出し、対外行動の転換を意味する「福田ドクトリン」を形成していったプロセスが明らかにされている。特に、ジョン・キングドンの「ポリシー・ストリーム・モデル」(Kingdon 1984)を援用し、「政策起業家」が「政策アイディア」(案や思考、観念、意見、プランなど)を実現していくプロセスの追跡が可能となった点は重要であろう。事実、福田ドクトリンの決定過程では、外務省内部の非公式な「政策グループ」と首相秘書官とが連携することにより、政策採択への決定的な時期の到来を意味する政策の窓が開くことになり、新たな政策アイディアが実現した。

また、政策アイディアの起源、形成、展開という観点から、政策専門家集団のアイディアがどのような状況下で実現しやすいかは次の三つの要素に依存しているという仮説を提起している。すなわち、(1)政策専門家は政治リーダーに対してどのようなアクセスを有しているか、(2)そのリーダーにとってどれほどアイディアの重要性・緊急性があるか、(3)そのリーダーの能力は政策アジェンダにアイディアをどれほど取り込めるか、である。これらの点を今後検証することで、アイディア要因の自律的なインパクトの解明が進捗すると言えよう。

大矢根聡の研究（大矢根 二〇〇二）は、一九七〇年代末から二〇年ほど続いた日米韓半導体交渉を分析したものであり、理論として「政策アイディア」の自律的作用を検出しようとした労作である。ここで政策アイディアとは、政策立案に自律的影響力をもつ理念、着想、知見を意味している。なぜこの政策アイディアが重要であるかと言えば、日米韓の貿易摩擦は「アイディア論争」としての性格が強いからである。例えば、一九七〇年代以降顕著となった貿易摩擦をめぐる交渉は、視点を変えてみれば、古典的な自由貿易主義では対処できない問題が生じたことを意味しており、それに対処する新たな政策アイディア（自由貿易を修正する公正貿易や相互主義）が提起され、政府間の合意や協定になることによって問題が解決されたと言えるからである。

大矢根は日米韓の半導体交渉の帰結を説明する上で、「二重の主体・構造関係」という分析枠組みと三つの仮説を提示している。「二重の主体・構造関係」とは、アイディアと制度の相互作用が国内・国際の両レベルで同時進行する点を重視した分析枠組みである。実際、政策アイディアは、国内制度（既存の官民関係や企業間関係）の制約を受けつつ、その変更を促そうと作用する。また、各国は国際制度（国際レジーム）の制約を受ける一方で、その変更を促す政策アイディアを提起する。三つの仮説は、(1)経済的利害関係よりも、自由貿易レジームのルールの適用や解釈をめぐるアイディア論争の方が、貿易摩擦の結果や半導体分野での貿易レジームのあり方を左右する可能性がある、(2)自由貿易レジームをめぐるアイディアの変化は、国内制度の変化をともなう、(3)貿易摩擦は自由貿易レジームの発展を促す、というものである。第二部の事例では、日米摩擦（一九七七～八三年、八五～八七年、八九～九一年、九六～九七年）と韓米摩擦（一九八三～八七年、九二～九三年、九六～九七年）が分析され、第一部で提示された分析枠組みに沿って、各国の半導体産業と政府との間でどのような政策アイディアが提起され、それがどのように受容され、国際レジームに反映していったのかが解明される。事例研究の結果、三つの仮説は妥当であることが示され、二国間の貿易摩擦の結果としてグローバルな自由貿易レジームが発展したこと、そして、韓米摩擦においては、日米摩擦で浮上した政策アイディアが影響を与えたという波及的な影響が具体的に明らかにされている。

2 アイデンティティ・規範と対外行動の変化

近年、日本外交のアイデンティティというテーマは比較的よく見かけるが（長谷川 二〇〇四）、コンストラクティヴィズムの観点からの説明は稀有である。ここでは、例外的な Terada (2003) および規範と

政策変更に関する分析（足立 二〇〇四）を検討する。(3)

第一の寺田貴の論文（Terada 2003）は、東南アジア諸国連合（ASEAN）プラス3（日本、中国、韓国）の成立をレジーム形成という観点から捉えなおし、コンストラクティヴィズムの観点から、東アジア経済協議体（EAEC）構想が失敗したのに対してなぜ同様なASEANプラス3が成功したのかを分析したものである。寺田によれば、EAEC構想が失敗した理由は第一に、日本のグローバルな経済関係の促進という国際主義的アイデンティティと米国中心外交であり、第二に、加盟国間のコンセンサスが形成されなかった点である。一方、ASEANプラス3は、アジア欧州会合（ASEM）、欧州と北米における地域主義の台頭、そして一九九七年の東アジア金融危機を契機として、徐々に「東アジア・アイデンティティ」が醸成され、米国依存志向から東アジア志向という日本の対外行動の変化による積極政策が組織化に結実した。その変化を促した理由としては、域内コンセンサスが形成されたこと、米国の反対がなかったこと、そして中国と韓国との対話という政治的利益が存在したこと、の三点が考えられる。

第二の足立研幾による一九九七年のオタワ条約（対人地雷禁止条約）に関する主要国の対外行動の分析（足立 二〇〇四）は、リアリズムおよびリベラリズムの合理モデルとコンストラクティヴィズムの観念的要因としての「言説」を取り入れた意欲的な研究である。複数の規範が存在する時、ある規範をより多くのアクターに受け入れさせようとする「規範をめぐる政治」が開始される。これが「言説の政治」であり、「討議の論理」（第4章第5節を参照）を駆使してアクターはそれぞれの言説への支持の拡大を目指した政治を展開するのである。足立の『オタワプロセス』は、異なる規範を支持する各アクターが言説対抗を通していかなる相互作用を行っていったのかを分析することにより、規範の波及過程と国際レジームの形成過程を解明しようとした。

日本は当初、対人地雷全廃を目指したオタワ・プロセスに反対であったが、一九九六年のオタワ会議での反対を経て、一九九七年一二月にオスロ会議で採択された対人地雷禁止条約を調印している。なぜ政策の変更が行われたのか。日本政府の対外行動の変更は、古い支配的言説（例えば、防衛庁〔現防衛省〕の「国防上の必要性」）が新たな言説（地雷は非人道的であり全廃すべき）の台頭によって可能となる。例えば、NGO出身の国会議員が誕生し、盛んに人道性の観点から地雷全廃を訴えたことを契機として、国会内において地雷全廃派が勢力を拡大し始める。さらに、国内外での地雷全廃を求める声が高まるなか、外相が地雷問題に積極的な小渕恵三に交代し、地雷全廃派は勢いを増していった。久間章生防衛庁長官は小渕派の議員であったこともあり、小渕外相の説得に最後は折れ、地雷全廃に同意したのである。その際の決定要因は、アクターの力関係、利益構造と信条との相互作用である。

5—包括的モデルを求めて

最後に検討するのは、リアリズム、リベラリズム、コンストラクティヴィズムという三つの理論の統合問題である。欧米では三理論の比較研究が進んでいるが、日本の対外行動に関しての試みは決して多いとは言えない。ここでは、二つの比較研究を検討した後に、包括的アプローチの可能性と課題を明らかにしたい。

比較研究の第一は、日本の同盟行動をリアリズム、リベラル制度論、コンストラクティヴィズムの観点から説明しようとした土山（一九九七）である。リアリズムは同盟形成の要因（①パワー、②脅威）と、同盟形成のパターン（①バランス、②バンドワゴン）を重視する。二つの要素をそれぞれ組み合わせると次のような四つの特異なパターンを示すことになる。第一のパターンは、パワーのバランスを意図する勢力均衡であり、支配的勢力に対抗して力の弱い側につく場合を示す。第二は、脅威の均衡であり、大きな脅威に対抗して小さい脅威や脅威でない側につく場合を示す。第三は、利益獲得と勢力拡大のためのバンドワゴンであり、最も力の優越した側につく場合を示す。そして第四は、損失回避とサバイバルのためのバンドワゴンであり、脅かしている側につく場合を意味している。このリアリズムから日本の同盟政策を説明すると、日本の同盟参加理由は、利益獲得と勢力拡大のためのバンドワゴンであり、なおかつ非対称的な同盟であるため、日本は「同盟のディレンマ」すなわち「巻き込まれる不安」と「捨てられる恐怖」とのディレンマに苦悩するという側面が明らかになる。

リベラル制度論は、国際社会の原理、規範、制度を重視する立場から、国家行動に対する制度の影響を考慮する。北大西洋条約機構（ＮＡＴＯ）がソ連の脅威の消滅によっても解体しなかったように、いったん同盟が形成されると、同盟それ自体が組織化され制度化される。この観点から日米同盟を捉えると、日米安保体制を安全保障のネットワークとして捉えることにより、ソ連崩壊後の日米関係はいっそう緊密となると見て、冷戦後の世界が混沌に向かうとするリアリストの見方に批判的となる。

コンストラクティヴィズムは、上述の二つの理論がシステム・レベルの分析を重視するのに対して、ユニット・レベルの分析を強調し、説明要因として概念、政策が国内でどう形成されるのかを問うアプローチである。また同盟政策は、行動が社会の規範、ルール、そして文化などに照らして適切かどうかを規準に事の善し悪しを判断するという「適切さの論理」によって形成される。この観点から日米同盟を説明すると、日本の同盟政策を支えているのは、国際環境よりもむしろ日本の歴史的体験から生まれた国内の規範である。核保有は十分な抑止効果を生まないからではなく、戦後日本の国内規範に照らして不適切だったのである。それゆえ、国際環境が変わっても国内規範が失われない限り、日米同盟は依然として望ましく、かつ実行可能なものと認識される。

結論として、土山は、これら三つの理論には日米安保体制が継続するという点では奇妙な見解の一致があると論じている。

比較研究の第二は、一九九七年二月に合意に至ったサービス貿易一般協定第四議定書に対する日本の対応を、三つの理論（ネオリアリズム、ネオリベラル制度論、社会コンストラクティヴィズム）から説明する山田高敬の研究（Yamada 2001）である。具体的には、国際電気通信サービス・レジームの形成に対して、日本はどのような政策を展開したのか、そのような対外行動をどのように説明するかである。日本の主要政策は市場アクセス、競争条件確保のためのセーフガード、相互接続であった。それぞれ、事業所の外国人所有に関する制限の撤廃、市場介入に対する政府規制の緩和、NTTの解体、そして相互接続に関するルールの設置などかなり積極的な対応であったが、なぜそのような行動を取ったかに関しては以下の三とおりの説明が可能である。第一はネオリアリズムによる説明であり、力の非対称的分布を強調する覇権安定論によって国際強調を説明する。第二はネオリベラル制度論による説明であり、国内アクターの選好に基づく制度的状況によって政策の結果を説明する。そして第三は社会コンストラクティヴィズムによる説明であり、アイディアや間主観的意味を重視しながら政策の変更やレジーム形成を説明する。

ネオリアリズムの説明によると、日本政府は覇権国である米国の圧力によって市場の自由化を余儀なくされたことになるが、この説明では日本がなぜ要求された全ての政策を採択しなかったのかや、要求されていない政策を日本がなぜ採択したのかは解明できない。ネオリベラル制度論は、異なる社会セクターの選好形成から政策決定を説明するのであるが、政策決定者の合理性を過度に重視する難点がある。そのため、政策決定者の信念やアイディアの変化から国際電気通信サービスの自由化を補足説明することが求められる。

事例研究の結果、以下の結論が得られている。第一に、力の非対称的分布を強調する覇権安定論は、NTTとKDDの外国籍所有者に関する米国の圧力を日本政府が無視した点を説明できない。また、米国の要請にはなかったNTTの解体という政策を説明することができないことから、このアプローチは過度にパワーや圧力を評価している。第二に、ネオリベラル制度論も結果を説明することに失敗している。すなわち、改革が政権の支持率の向上につながるという政治指導者の合理性は期待された成果を生まず、日本における政治状況は自由化決定に関して熟していなかったことから、ネオリベラル制度論は政治家の合理性を「過信」しすぎていると言わざるを得ない。第三に、社会コンストラクティヴィズムの説明力が最も高い。この観点から初めて、なぜ橋本政権が、この改革を実施すると政権支持率が低下するという危険性があったにもかかわらず自由化に踏み切ったのかが説明できるからである。

比較研究から一歩進めて、諸理論の統合を目指す試みも始まっている。例えば、ピーター・カッツェンスタインと大河原伸夫は、日本の対アジア太平洋安全保障政策を説明する上での既存のアプローチの限界を指摘し、代替案としての「分析的折衷主義（analytical eclecticism）」モデルを提示している。彼らの論点は、アジア太平洋地域の安全保障状況は強い二国間主義と萌芽的な多国間主義（例えば、ＡＳＥＡＮ地域フォーラム（ＡＲＦ））の混在という状況であり、そうした流動的な現状を分析するためには既存の個別理論（リアリズムのパワー、リベラリズムの利益、コンストラクティヴィズムのアイデンティティ）単独では不可能である、というものである。十分な理解のためには簡潔さでなく分析的折衷主義が必要である（Katzenstein and Okawara 2001-2002, 167）。それでは折衷的アプローチにはどのような利点があるであろうか。カッツェンスタインと大河原は、リアリズムとリベラリズム、リベラリズムとコンストラクティヴィズム、リアリズムとコンストラクティヴィズムという理論間の相互関連性を指摘している。例えば、リアリズムとリベラリズムの両者は、勢力均衡（二国間主義）と多国間主義の混在に関する知見を与えることができる。それは「ナイ・レポート」や日本の対中国政策に反映しているような、リアリズムの「ソフトな形態」に注目する視点である。また、リアリズムとコンストラクティヴィ

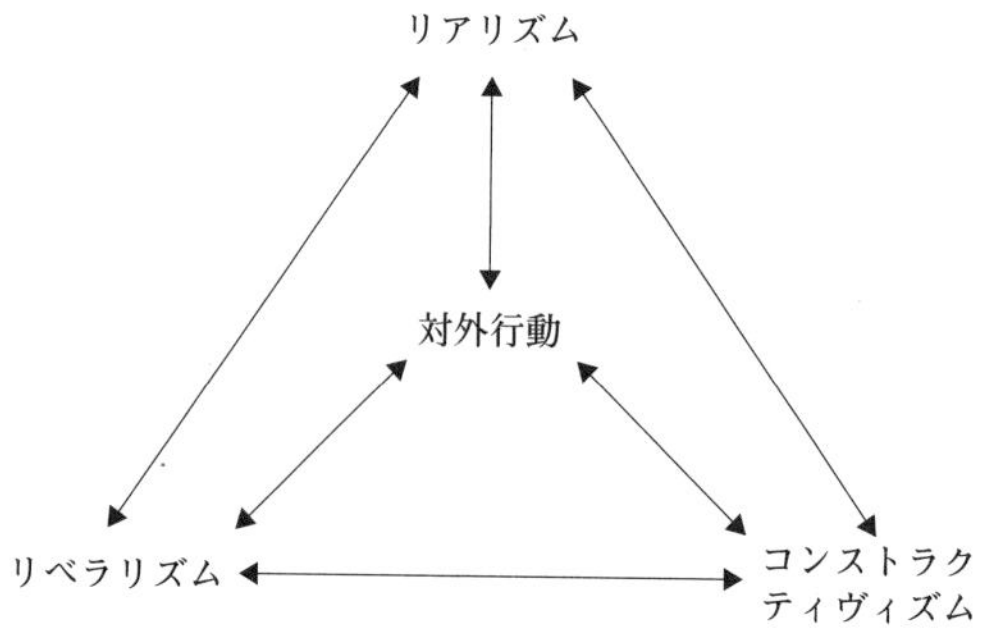

図 6-1　対外行動の包括的モデル

ズムの組み合わせは、独立か統一かを明確化しない日本の対台湾政策の「曖昧性」に関する視点を提供し、同時に歴史的知見を示唆することができる。最後に、リベラリズムとコンストラクティヴィズムの組み合わせは、アジアにおける安全保障体制の「協調的アプローチ」に適したものであり、多国間制度は効率性や透明性を高め、徐々に選好を変えることにより国家利益を再定義する。

同様に、グレン・フック他四名によるテキスト (Hook, et al. 2001) は、日本の対外行動をリアリズム、リベラリズム、政策形成、コンストラクティヴィズムの四つの視点から説明する。すなわち、構造要因（国際システム）、エージェント要因（非国家アクターと政策形成プロセスに関与するアクター）および規範要因（国内・国際的規範）を統合し総合化するという分析枠組みである。これに基づいて、日米関係、日本・東アジア関係、日本・欧州関係および日本・国際組織関係を説明すると、日本の対外行動のパターンが抽出できることになる。フックらによる結論は、ポスト冷戦期において日本は「静かな外交（合気道外交）」を展開しており、積極的な戦略を追求している、というものである。

以上の事例を総括すると、リアリズムの観点は「日本が対立するとき」を、リベラリズムは「日本が協力するとき」を、そしてコンストラクティヴィズムは「日本の対外行動が変化するとき」をそれぞれ説明する視座を提供している。相互依存関係の進展という国際環境の変化により、先進国間のパワー格差の是正が起こると、相対的利得の要因が働くようになり、対立行動に訴える機会が増加する。また「ツーレベル・ゲーム」を操作しながら戦略的な交渉を行い、レジーム論的観点から対外協調行動を志向するようになる。そして、規範やアイディアなどの観念的要因を重視した対外行動を志向する結果、日本外交の変更が実現される。これらの研究に共通している点は、国内要因の重要性である。今後の課題は、図6-1が示すとおり、三理論の総合化が可能かどうかを多くの事例研究を通じて検証していくことであり、その際、国内要因を重視した日独比較などの比較研究が重要になろう。(4)

国際関係論から見た日本の行動パターンは、(1)吉田ドクトリンから「消極的リアリズム」へ、(2)外圧・反応型から自立型へ、(3)バンドワゴンからバランスへ（同盟行動）、(4)「間接的（背後からの）リーダーシップ」（外交スタイル）、という特徴を示している。「消極的リアリズム」とはどのような対外行動を示すのか、日本の対外行動パターンはどのような場合に、戦略的になるのか、間接的リーダーシップはどれほど有効的なのか。一九九〇年代の日本外交の変化は国内要因分析の観点からも興味深い事例であるが、三つの対外行動論の精緻化が進展する中で、個別事例研究を積み重ねることを通じて、日本の事例と欧米との相互検証を積極的に行う必要がある。(5) 対外行動の理論化に向けた今後の検証作業が待たれるところであるが、近年の一連の成果は日本における対外行動研究のレベルを格段に高めるものであり、今後の動向が期待される。

表6-1　吉田ドクトリンと福田ドクトリンの比較

	吉田ドクトリン	福田ドクトリン
三原則	①　軽武装 ②　経済第一主義 ③　政経分離	①　軍事大国にならない ②　東南アジア諸国と心と心の通う関係を築く ③　インドシナとASEANとの橋渡し
特　徴	①　対米重視 ②　経済重視	①　アジア重視 ②　政治的役割の重視
問題点	①　安全保障面でのただ乗り ②　一国平和繁栄主義 ③　小国意識	①　閉鎖的地域主義への懸念 ②　米国軽視 ③　リーダーシップ不足

コラム6◆吉田ドクトリンと福田ドクトリン

日本の対外行動パターンの一つとして、「対米協調か対米自主か」や「日米基軸か自主路線か」が議論される場合、「吉田ドクトリン」と「福田ドクトリン」はその際のプロトタイプとして捉えることができる。両ドクトリンの特徴は表6-1のとおりである。

戦後日本は、日米基軸を重視し、経済外交を積極的に追求するなかで先進国の仲間入りを果たしたが、一九七〇年代に日本商品ボイコットや反日運動がアジアにおいて起こると、対外路線としての吉田ドクトリンの見直しが始まる。一九七七年に発表された福田ドクトリンはこうしたアジアの諸問題に対処するために打ち出された対外政策の方針である。

それから三〇年が経過し、アジアの国際関係も大きな変動期を迎えている。ポスト冷戦期におけるグローバル化と地域化という潮流のなかで、日本の新たなドクトリンが求められている。東アジアにおいて地位的バランサーになるのか、制度などの国際公共財提供者なのか、それともアイディア提供者なのか、日本人の知的作業が問われていると言えよう。

注

第1章

(1) 分析レベルとは、ケネス・ウォルツの戦争研究(Waltz 1959)に由来するもので、国際関係の事象を説明する上での分析の射程を意味する。ウォルツは、戦争の因果関係を説明するのに必要な観点は個人、国家、国際システムの三つであるとし、それぞれ「第一イメージ」、「第二イメージ」、「第三イメージ」と呼び、第三イメージである国際システムの無政府状態とパワーの分布が戦争の因果関係を説明する上で最も重要であるとした。

(2) 例えば、Kelman (1965), Henkin (1968), 高柳(一九七四)、Pettman (1975), フランケル(一九七九)、高木(一九八一)の諸研究である。

(3) ローズノーの編集した『国際政治と対外政策』(Rosenau 1969a) はまさにこの点を示唆しているが、近年このように位置づける文献はない。これまでの研究動向は、Hermann, Kegley, and Rosenau (1987), Clarke and White (1989), 有賀他(一九八九)、Neack, Hey, and Haney (1995) に詳しい。

(4) 日本においても、花井(一九七五)と佐藤(一九八九)の研究は高く評価されているが、それらは対外行動の一般化をめざしたものではない。

(5) 「リアリズム対リベラリズム」という観点から国際関係を説明したものに猪口(一九九〇)や鈴木(二〇〇〇)などがあるが、三つの理論から国際関係を説明した邦語文献はほとんど存在しない。唯一の例外は山田・大矢根(二〇〇六)である。ジョセフ・ナイは、対外政策の実務においても三つの考え方が重要であったと述べている(ナイ 二〇〇二)。

(6) 分析レベルを意識した「国家行動をめぐるパズル解き」を中心とする国際関係論は、ラセット・スター・キンセラ(二〇〇二)が参考になる。彼らの次のような主張は本書の問題関心と重なっている。「政策の形成と実施の両面から比較を行ない、異なる条件と文脈におけるさまざまなタイプの国家に関連する行動パターンを探求する必要がある」（ラセット・スター・キンセラ 二〇〇二、一七六頁）。

第2章

（1） 外交研究の集大成として Jonsson and Langhorne (2004) がある。日本において「外交」が使用されるようになったのは、明治維新以後であり、幕末時の対外関係は「外国交際」または「外国事務」と呼ばれていた。その後、前者から「外交」の語が、後者から「外務」の語が生まれた。日本の外務省は一八六九年七月に設置されている。外交の語源に関しては、坂野（一九七一）、渡辺（一九九三）を参照。

（2） この意味で、西欧による非西欧世界の差異化された他者に対する「調停」の過程としてこの時期の外交を捉えることも可能であろう (Der Derian 1987)。

（3） 外交研究から対外政策研究への移行期の代表的な文献は坂野（一九七一）である。

（4） ローズノーの研究は、前理論からリンケージ・ポリティクス、科学的対外政策論を経て、比較対外政策論に発展する。しかし、一九八四年の論文では、これらの国家属性を中心とする理論作業があまりにも「非動態的な理論」であったと回顧している（Rosenau 1984）。

（5） 最初の専門誌『対外政策（*Foreign Policy*）』は一九七〇年、理論誌『対外政策分析（*Foreign Policy Analysis*）』は二〇〇五年から刊行が始まっている。

（6） 部分モデルとは、一般理論ほど説明や予測の対象範囲が広くない中範囲理論を意味し、ある現象を分析する部分モデルが集積されると一般理論への道が開かれる。例えば、戦争の一般理論を構築する上で、その原因の一つである軍備競争に関するモデルは部分モデルとなる。

（7） 特に、公共政策学への影響は大きく、近年の政策学の発展に寄与していくことになる。詳しくは、宮川（一九九五）を参照。

（8） ブレッチャー・モデル（Brecher, Steinberg, and Stein 1969）は、この心理的環境に基づく研究であり、イスラエルの対外政策に適用されている。

（9） アリソン・モデルの限界として、大嶽秀夫は「様々なケースの分析を積みあげて理論を作ることを最終目的とはしていない」（大嶽 一九九〇、四七頁）ことを指摘する。

第3章

（1） 政治思想と国際関係の関係は Williams (2005) に詳しい。

（2） 詳しくは、ネオリアリズムの集大成と言われている Brown (1995) を参照。また、最近では、Donnelly (2000) や James (2002) 等の注目すべき研究がでている。

（3） 攻撃的リアリズムと防衛的リアリズムの相違は、中国の台頭をめぐる解釈の相違に現れている。前者は、中国の台頭が国際システムの不安定化要因となり、米国との衝突に発展すると懸念するのに対して、後者は、中国の台頭は平和的に進展し、アジア諸国と中国の共存が可能であると楽観視する (Mearsheimer 2007)。しかし、大国になった中国がどのように行動するかは、攻撃的リアリズムおよび防衛的リアリズムの観点だけでは十分に説明できない。なぜならば、中国がどのように大国化するかは、国内要因や国家指導者の意図と能力に影響されるからである。

（4） 今後の課題は、いかに合理的選択論の諸問題を乗り越えていくのかにかかっていると言えよう。この点に関しては、Snidal (2002) が示唆に富む。合理主義に対する批判は本書第5章を参照されたい。

（5） この意味でジョン・ヘイの戦略的相互作用モデル (Hay 2002) は注目されてよいであろう。事例研究として、なぜ国家は国際協定を履行するのかを説明する研究 (Dai 2005) がある。

（6） 周知のとおり、「テロリズムに対する戦争」を実現するために、米国は先制攻撃論に基づく単独行動に訴えているが、その単独行動には攻撃的リアリズムの影響が看取し得る。いわゆる「ネオコン（新保守主義者）」の台頭も攻撃的リアリズムの優位に貢献していると考えられる。この米国の単独行動に対しては、リアリズムに属する英国学派が、狭い視野や個別的な利益に依拠していると批判している（山田・大矢根 二〇〇六、一二八頁）。

第4章

（1）これらの政治思想とリベラリズムの関係は、Doyle（1997, part two）に詳しい。各種のリベラリズム理論は、相互依存論に代表される商業的（市場）リベラリズム、国際レジーム論に代表される制度的リベラリズム、民主的平和論に代表される共和制リベラリズムに分けられる。後述するとおり、前二者はロバート・コヘインとジョセフ・ナイの研究に影響され、第三の共和制リベラリズムはマイケル・ドイルの一連の研究（Doyle 1986, 1997）に影響されている。

（2）リアリズムとは対照的に、国際関係論におけるリベラリズム研究はそれほど進んでいるわけではない。例えば、一九八六年の論文においてドイルは、「いまだリベラリズムは正典的な定義を持っていない」（Doyle 1986, 1152）と述べている。その後、コヘインを経て、一九九七年にドイルとアンドリュー・モラヴチックによって体系化されたと言えよう。スタンレイ・ホフマンを含むこれらの研究者は「ハーヴァード学派」と呼ばれることがある。詳しくは、Hoffmann（1987）, Keohane（1990）, Moravcsik（1992）, Doyle（1997）, Franceschet（2002）を参照。「ハーヴァード学派」とその批判に関しては、Long（2002）を参照。

（3）特に、戦略・安全保障分析における選好の重要性は決定的になりつつある。なぜなら、国家が戦争に訴えるかどうかは、国際システム要因に左右されるのではなく、国内の選好と政策決定者のリスクに対する態度に依存するからである。詳しくは、Russett（1995）を参照。また、モラヴチックは統合理論に対して選好を駆使した「政府間主義（inter-governmentalism）」を導入して新たな局面を拓いているし（Moravcsik 1998）、選好の形成と国際レジームとの相互作用を検証する研究（Underdal and Hanf 2000）も注目に値する。

（4）さらには、脱国家アクターを取り込んだ「スリーレベル・ゲーム」という発展的研究（Knopf 1993; Chung 2004）や、国内政治と多国間交渉に関する研究（蟹江 二〇〇一）も注目される。

（5）対外政策研究にアイディアが最初に適用されたのは、一九八二年のジョン・オデールによる米国金融政策研究である。一九九〇年までの研究動向は、須藤

（一九九五）に詳しい。アイディア・アプローチに関しては、国際関係論における「観念的転換（ideational turn）」を強調するBlyth（1997）とFinnemore and Sikkink（1998）が参考になる。

（6）ほぼ同時に出版されたジェフリー・チェッケルの研究（Checkel 1999）もアイディア・アプローチからソ連の対外行動を説明したものである。

（7）例えば、Berman（2001），Bleich（2002），Lieberman（2002），近藤（二〇〇七）を参照。

（8）この意味で、ミルナーの統合化作業（Milner 1998）は再評価されるべきである。

第5章

（1）ジョン・ラギーは、コンストラクティヴィズムを新古典的、ポストモダン、自然主義に大別し（Ruggie 1998）、ピーター・カッツェンスタインらは、従来型、批判的、ポストモダンに分類する（Katzenstein, Keohane, and Krasner 1998）。批判的・ポストモダン的コンストラクティヴィズムは、ポスト実証主義的要素が強く、従来型の実証主義的なコンストラクティヴィズムと区別される。また、従来型の中でもウェント、フリードリッヒ・クラトクウィル、ニコラス・オヌフに限定して事例研究を行ったものに、Zehfuss（2002）がある。

（2）渡邊（二〇〇三）はこれまでの主要な事例研究を検討し、「どこから規範やアイデンティティが生じたのか、あるいは、それをどうやって抽出できるかは明確となっていない」とコンストラクティヴィズムの問題点を指摘する。

（3）同様に、Johnston（2003）とNabers（2003）も規範の社会化から東南アジア諸国連合（ＡＳＥＡＮ）の特徴的な行動様式である「ＡＳＥＡＮ方式」を説明している。規範のプロセス分析に関しては、特に、Risse-Kappen, Ropp, and Sikkink（1999），Cortell and Davis（2000）および足立（二〇〇四）を参照。対照的に、多様で複雑なプロセスを強調するものに三浦（二〇〇五）がある。

（4）実際、多様な言説（①規範的な言説、②アイディアとしての言説、③政策提言的言説）による分析が可能であるとすると、ディスコース分析による国家行動の解明が進展することになる（阪口 一九九八）。

（5） コンストラクティヴィズム、リアリズム、リベラリズムの三つのアプローチの相互関連性を示す興味深い研究は、コンストラクティヴィズムの先駆者がトゥキディデスであるとするもの（Lebow 2001）や、民主的平和論の萌芽をトゥキディデスに見出そうとするもの（Doyle 1997）、コンストラクティヴィズムの先駆者がカントであるとするもの（Hacking 1999; Adler 2002）などである。これらの研究は、古典書の読み替えの必要性だけでなく、「パラダイム間の対話」（Risse-Kappen 2002）を通じた三理論の統合の可能性を示唆している。また、実証研究の成果も出ている。例えば、アイデンティティとパワーの観点から米国の対外政策を説明したヘンリー・ナウの研究（ナウ 二〇〇五）やリアリズムとコンストラクティヴィズムの「混合アプローチ」からリベラリズムの得意とする国際協調を説明する研究（Sterling-Folker 2002）、リアリズムとコンストラクティヴィズムを「橋渡し」する研究（Snyder 2005）などである。自由主義的コンストラクティヴィズムと現実主義的コンストラクティヴィズムの可能性も議論されている（Barkin 2003; Jackson and Nexon 2004; Martin 2007）。

第6章

（1） また、宮下は、日本外交の積極論者はアジア外交の事例を扱いその積極性を主張するのであるが、その場合の多くは米国の反発が強くない場合であることから、反応型の反証事例になりにくい、と批判する（Miyashita 2003, chapter 3）。さらに、問題は反応型か能動的かの二者択一ではなく、条件の変化によっては両者の性格を持つ場合がある。例えば、平田恵子（Hirata 2001）は、日本のヴェトナム政策を例として、国際環境と日米関係の変化によって、日本外交は反応型にも能動的にもなりうると主張する。同様に、国内政治要因の変化によってアジア金融危機に対する日本の行動も変化している（片田 二〇〇四）。

（2） 最初の事例研究は、宮里（一九九二）と日米コメ交渉に関する長尾（一九九二）である。草野厚は「このモデルでは交渉者は、国内アクターの利害を直接反映させながら、交渉者の意見は交えずに交渉することを仮定しているが、これも多くの交渉の実態とは異なるものではないだろうか」（草野　一九九七、一三〇頁）と疑問を呈している。

（3）　コンストラクティヴィズムに依拠する研究として日本の国連平和維持活動（ＰＫＯ）政策を分析したDobson（2003）、宮岡勲の「レジティマシー」による環境政策分析（Miyaoka 2004）、捕鯨政策に関する規範の失敗を説明したHirata（2004）、貿易自由化政策に関するCortell and Davis（2005）、対中国政策についてのHagström（2005）、アジア通貨基金構想に関するLee（2006）も注目すべきである。

（4）　日独比較研究は、加藤（一九九八）、Haar（2001）およびKatada, Maull, and Inoguchi（2004）を参照。興味深いことに、ドイツも「消極的リアリズム」国家と言われている（Clemens 1989）。イラク戦争をめぐる日本、英国、フランス、ドイツ、中国などの比較研究（櫻田・伊藤　二〇〇四）も参考になる。

（5）　最近になって、日本の東アジア政策に関する研究に理論志向の成果が出ている。例えば、Sudo（2002）, Yoshimatsu（2003）、大矢根（二〇〇四）、宮下・佐藤（二〇〇四）などである。冷戦後の日本の安全保障政策を分析した信田（二〇〇六）は、合理的行為者モデルの類型としてリアリズム、リベラリズム、コンストラクティヴィズムの観点を間接的に導入している。

参考文献

和　文

赤木完爾・今野茂充。二〇〇〇。「冷戦後の国際関係理論（一）（二）」『法学研究』七三巻一〇号、一―三四頁、七三巻一一号、二五―五一頁。

赤根谷達雄。一九九二。『日本のガット加入問題――《レジーム理論》の分析視角による事例研究』東京大学出版会。

アクセルロッド、ロバート（松田裕之訳）。一九八七。『つきあい方の科学――バクテリアから国際関係まで』HBJ出版。

足立研幾。二〇〇四。『オタワプロセス――対人地雷禁止レジームの形成』有信堂高文社。

アリソン、グレアム・T（宮里政玄訳）。一九七七。『決定の本質――キューバ・ミサイル危機の分析』中央公論社。

有賀貞・宇野重昭・木戸蓊・山本吉宣・渡辺昭夫編。一九八九。『講座国際政治② 外交政策』東京大学出版会。

飯田敬輔。二〇〇三。「対中人権外交」『社会科学研究』五四号、一五三―一六六頁。

石黒馨。二〇〇七。『入門・国際政治経済の分析――ゲーム理論で解くグローバル世界』勁草書房。

石田淳。一九九七。「国際政治理論の現在（上・下）――対外政策の国内要因分析の復権」『国際問題』四四七号、六一―七二頁、四四八号、八〇―九二頁。

――。一九九九。「国際政治学における分析レヴェルの問題」『社会科学研究』五〇号、四七―六二頁。

――。二〇〇〇。「コンストラクティヴィズムの存在論とその分析射程」『国際政治』一二四号、一一―二六頁。

逸見勉。二〇〇五。「アイデア・制度的環境・政策転換――ソ連ゴルバチョフ政権における『新思考』外交の分析」『都法』四〇号、二七五―三二五頁。

伊藤修一郎。二〇〇二。「社会学的新制度論」河野勝・岩崎正洋編『アクセス比較政治学』日本経済評論社。

猪口孝。一九九〇。『交渉・同盟・戦争――東アジアの国際政治』東京大学出版会。

岩瀬晶。二〇〇一。「冷戦後の日米安保体制の存続と強化について」『レヴァイアサン』二八号、一四四―一五一頁。

漆畑智靖。一九九七。「対外政策理論の可能性と限界（二）」『早稲田政治公法研究』五四号、一―三三頁。

エルマン、コリン、ミリアム・フェンディアス・エルマン編（渡辺昭夫監訳）。二〇〇三。『国際関係研究へのアプローチ――歴史学と政治学の対話』東京大学出版会。

オアー、ロバート・M、Jr（田辺悟訳）。一九九三。『日本の政策決定過程――対外援助と外圧』東洋経済新報社。

大嶽秀夫。一九九〇。『政策過程』東京大学出版会。

大畠英樹。一九八九。「現実主義――『モーゲンソーとの対話』を中心に」有賀貞・宇野重昭・木戸蓊・山本吉宣・渡辺昭夫編『講座国際政治①　国際政治の理論』東京大学出版会。

大矢根聡。二〇〇二。『日米韓半導体摩擦――通商交渉の政治経済学』有信堂高文社。

――。二〇〇四。「東アジアFTA――日本の政策転換と地域構想」『国際問題』五二八号、五二―六六頁。

――。二〇〇五。「コンストラクティヴィズムの視座と分析――規範の衝突・調整の実証的分析へ」『国際政治』一四三号、一二四―一四〇頁。

岡義武。一九五五。『国際政治史』岩波書店。

小野直樹。二〇〇二。『戦後日米関係の国際政治経済分析』慶應義塾大学出版会。

小野芳彦。一九九八。「ゲーム理論と交渉」木村汎編『国際交渉学――交渉行動様式の国際比較』勁草書房。

カー、E・H（井上茂訳）。一九五二。『危機の二十年――一九一九―一九三九』岩波書店。

外交政策決定要因研究会編。一九九九。『日本の外交政策決定要因』PHP研究所。

片田さおり。二〇〇二。『グローバル・アクターの条件――国際金融危機と日本』有斐閣。

――。二〇〇四。「アジア金融危機管理と日米関係」宮下明聡・佐藤洋一郎編『現代日本のアジア外交――対米協調と自主外交のはざまで』ミネルヴァ書房。

加藤浩三。一九九八。『通商国家の開発協力政策——日独の国際的位置と国内制度との連関』木鐸社。

蟹江憲史。二〇〇一。『地球環境外交と国内政策——京都議定書をめぐるオランダの外交と政策』慶應義塾大学出版会。

カリエール（坂野正高訳）。一九七八。『外交談判法』岩波文庫。

川崎剛。二〇〇〇。「吉田路線の一般理論的根拠を求めて——ポストクラシカル・リアリズムの可能性」『レヴァイアサン』二六号、一三一—一四九頁。

河田潤一・荒木義修編。二〇〇三。『ハンドブック政治心理学』北樹出版。

菅英輝・坂元一哉・田中明彦・豊下楢彦。二〇〇二。「吉田外交を見直す」『論座』一月号、九四—一一三頁。

キッシンジャー、ヘンリー・A（岡崎久彦監訳）。一九九六。『外交』日本経済新聞社。

ギデンズ、アンソニー（友枝敏雄・今田高俊・森重雄訳）。一九八九。『社会理論の最前線』ハーベスト社。

木村汎編。一九九八。『国際交渉学——交渉行動様式の国際比較』勁草書房。

草野厚。一九九七。『政策過程分析入門』東京大学出版会。

グレイ、ジョン（藤原保信・輪島達郎訳）。一九九一。『自由主義』昭和堂。

クーン、トーマス（中山茂訳）。一九七一。『科学革命の構造』みすず書房。

ケネディ、ポール（鈴木主税訳）。一九九三。『大国の興亡——一五〇〇年から二〇〇〇年までの経済の変遷と軍事闘争（決定版）』草思社。

高坂正堯。一九六八。『宰相吉田茂』中央公論社。

——。一九七八。『古典外交の成熟と崩壊』中央公論社。

河野勝。二〇〇一。「『逆第二イメージ論』から『第二イメージ論』への再逆転？——国際関係と国内政治との間をめぐる研究の新展開」『国際政治』一二八号、一二—二九頁。

——。二〇〇二。『制度』東京大学出版会。

古城佳子。一九九六。『経済的相互依存と国家——国際収支不均衡是正の政治経済学』木鐸社。

——。一九九八。「国際政治理論の現在（上）——『経済のグローバル化』と国家、国家間協調の分析視角」

『国際問題』四五六号、七〇―八〇頁。

――。二〇〇二。「逆第二イメージ論」河野勝・岩崎正洋編『アクセス比較政治学』日本経済評論社。

コヘイン、ロバート（石黒馨・小林誠訳）。一九九八。『覇権後の国際政治経済学』晃洋書房。

コールドウェル、B・J（堀田一善・渡部直樹監訳）。一九八九。『実証主義を超えて――二〇世紀経済科学方法論』中央経済社。

近藤康史。二〇〇七。「比較政治学における『アイディアの政治』」日本政治学会編『年報政治学二〇〇六-Ⅱ 政治学の新潮流――二一世紀の政治学へ向けて』木鐸社。

五月女律子。二〇〇一。「対外政策決定論の再検討」『国際政治』一二八号、一〇〇―一一四頁。

――。二〇〇三。「国内政治の再検討」河野勝・竹中治堅編『アクセス国際政治経済論』日本経済評論社。

阪口功。一九九八。「象牙取引規制レジーム――知識・言説・利益」『国際政治』一一九号、一七〇―一九一頁。

――。二〇〇六。『地球環境ガバナンスとレジームの発展プロセス――ワシントン条約とNGO・国家』国際書院。

櫻田大造・伊藤剛編。二〇〇四。『比較外交政策――イラク戦争への対応外交』明石書店。

佐藤敦子。二〇〇六。「コンストラクティビズム」吉川直人・野口和彦編『国際関係理論』勁草書房。

佐藤英夫。一九八九。『対外政策』東京大学出版会。

ザートマン、I・W（碓氷尊監訳）。二〇〇〇。『多国間交渉の理論と応用――国際合意形成へのアプローチ』慶應義塾大学出版会。

信田智人。二〇〇四。『官邸外交――政治リーダーシップの行方』朝日選書。

――。二〇〇六。『冷戦後の日本外交――安全保障政策の国内政治過程』ミネルヴァ書房。

信夫隆司。二〇〇四。『国際政治理論の系譜――ウォルツ、コヘイン、ウェントを中心として』信山社。

嶌信彦。二〇〇〇。『首脳外交――先進国サミットの裏面史』文春新書。

シュウェラー、ランドル。二〇〇一。「同盟の概念」船橋洋一編『同盟の比較研究――冷戦後秩序を求めて』

日本評論社。

シューマン、F・L（長井信一訳）。一九七三。『国際政治（上）』東京大学出版会。

シュラーズ、ミランダ。一九九四。「日本における環境政策の決定過程」*Journal of Pacific Asia* 二号、三一―三八頁。

進藤榮一。一九七四。「官僚政治モデル――その特質と評価」『国際政治』五〇号、四六―六五頁。

スコット、アンドリュー・M（原彬久訳）。一九七三。『国際政治の機能と分析』福村出版。

鈴木基史。二〇〇〇。『国際関係』東京大学出版会。

須田祐子。一九九九。「日本の電気通信政策をめぐる外圧と国内政治――需給調整問題を中心に」『国際政治』一二二号、一七九―一九八頁。

スチーブンスン、R・W（滝田賢治訳）。一九八九。『デタントの成立と変容――現代米ソ関係の政治力学』中央大学出版部。

須藤季夫。一九九五。「『アイディア』と対外政策決定論――福田ドクトリンをめぐる日本の政策決定過程」『国際政治』一〇八号、一三一―一四七頁。

曽根泰教。一九八九。「日本の政治システムと外交」有賀貞・宇野重昭・木戸蓊・山本吉宣・渡辺昭夫編『講座国際政治④　日本の外交』東京大学出版会。

高木誠一郎。一九八一。「対外政策の概念について」『国際政治』六七号、一二五―一四一頁。

高柳先男。一九七四。「国家の行動――目標と技術と力」播里枝・浦野起央編『国際関係論講義』青林書院新社。

田久保忠衛・太田正利・平松茂雄編。二〇〇〇。『日本外交の再点検――検証「吉田ドクトリン」』時事通信社。

田中明彦。一九八九。「日本外交と国内政治の連関――外圧の政治学」『国際問題』三四八号、二三―三六頁。

谷口将紀。一九九七。『日本の対米貿易交渉』東京大学出版会。

土山實男。一九九七。「日米同盟の国際政治理論――リアリズム・リベラル制度論・コンストラクティヴィズム」『国際政治』一一五号、一六一―一七九頁。

――。二〇〇四。『安全保障の国際政治学――焦りと傲り』有斐閣。

土佐弘之。一九九七。「知的植民地主義としてのデモクラティック・ピース論――『馴致、同化の論理』から『異化、共生の論理』へ」『平和研究』二三号、四三―五五頁。

富永健一。一九九三。『現代の社会科学者――現代社会科学における実証主義と理念主義』講談社学術文庫。

豊下楢彦。一九九六。「吉田ドクトリンの再検討」『年報日本現代史』二号、一四一―一七〇頁。

――。二〇〇一。「日本型現実主義の再検討」『平和研究』二六号、一九―二八頁。

ナイ、ジョセフ・S、ジュニア（田中明彦・村田晃嗣訳）。二〇〇二。『国際紛争――理論と歴史』有斐閣。

ナウ、ヘンリー・R（村田晃嗣・石川卓・島村直幸・高橋杉雄訳）。二〇〇五。『アメリカの対外関与――アイデンティティとパワー』有斐閣。

永井陽之助。一九八五。『現代と戦略』文藝春秋。

長尾悟。一九九二。「日米コメ問題をめぐる国際交渉と国内政治」宮里政玄・臼井久和編『新国際政治経済秩序と日米関係』同文舘。

中戸祐夫。二〇〇三。『日米通商摩擦の政治経済学』ミネルヴァ書房。

中西寛。二〇〇三。「吉田ドクトリンの形成と変容」『法学論叢』一五二号、二七六―三一四頁。

ニコルソン、H（斎藤真・深谷満雄訳）。一九六八。『外交』東京大学出版会。

西川吉光。二〇〇一。『現代国際関係論』晃洋書房。

西原正。一九八九。「外交交渉」有賀貞・宇野重昭・木戸蓊・山本吉宣・渡辺昭夫編『講座国際政治② 外交政策』東京大学出版会。

西村めぐみ。一九九六。「規範と国家行動――コンストラクティヴィズムをめぐる理論的一考察」『一橋論叢』一一六号、一二三―一四一頁。

――。二〇〇〇。『規範と国家アイデンティティーの形成――OSCEの紛争予防・危機管理と規範をめぐる政治過程』多賀出版。

パイル、ケネス・B（加藤幹雄訳）。一九九五。『日本への疑問――戦後五〇年と新しい道』サイマル出版会。

長谷川将規。一九九九。「日本の防衛政策」『新防衛論集』二七号、八九―一〇五頁。

長谷川雄一編。二〇〇四。『日本外交のアイデンティティ』南窓社。

花井等。一九七五。『現代外交政策論』ミネルヴァ書房。

濱田顕介。二〇〇三。「構成主義・世界政体論の台頭――観念的要素の再導入」河野勝・竹中治堅編『アクセス国際政治経済論』日本経済評論社。

ハレー、ルイス・J（太田博訳）。一九七〇。『歴史としての冷戦――超大国時代の史的構造』サイマル出版会。

坂野正高。一九七一。『現代外交の分析――情報・政策決定・外交交渉』東京大学出版会。

馬場伸也。一九八〇。『アイデンティティの国際政治学』東京大学出版会。

ビオティ、ポール・R、マーク・V・カピ（デヴィッド・J・ウェッセルズ、石井菜穂子訳）。一九九三。『国際関係論――現実主義・多元主義・グローバリズム』彩流社。

ピータース、B・ガイ（土屋光芳訳）。二〇〇七。『新制度論』芦書房。

平田恵子。二〇〇三。「外交」平野浩・河野勝編『アクセス日本政治論』日本経済評論社。

樋渡展洋。二〇〇四。「国際経済交渉と政策選好――アジア金融危機を事例に」藤原帰一・李鍾元・古城佳子・石田淳編『国際政治講座③　経済のグローバル化と国際政治』東京大学出版会。

フェスティンガー（末永俊郎監訳）。一九六五。『認知的不協和の理論――社会心理学序説』誠信書房。

藤原保信。一九九三。『自由主義の再検討』岩波新書。

フランケル、J（河合秀和訳）。一九七〇。『外交における政策決定』東京大学出版会。

――（斉藤孝訳）。一九七九。『現代国際理論』東京大学出版会。

ペンペル、T・J（中村悦大訳）。二〇〇〇。「構造的外圧――国際金融と日本の政治変化」水口憲人・北原鉄也・久米郁男編『変化をどう説明するか　政治篇』木鐸社。

星野昭吉。一九九七。「世界政治の理論と現実」『獨協法学』四五号、九三―一四四頁。

ホルスティ、K・J（宮里政玄訳）。一九七二。『国際政治の理論』勁草書房。

ボールディング、K・E（内田忠夫・衛藤瀋吉訳）。一九七一。『紛争の一般理論』ダイヤモンド社。

牧野裕。一九九九。『日米通貨外交の比較分析――ニクソン・ショックからスミソニアン合意まで』御茶の水書房。

真渕勝。二〇〇三。「制度と政策」久米郁男・川出良枝・古城佳子・田中愛治・真渕勝『政治学』有斐閣。

三浦聡。二〇〇〇。「行為の論理と制度の理論――国際制度への三つのアプローチ」『国際政治』一二四号、二七―四四頁。

――。二〇〇五。「複合規範の分散革新――オープンソースとしての企業の社会的責任（CRS）」『国際政治』一四三号、九二―一〇五頁。

南山淳。二〇〇四。『国際安全保障の系譜学――現代国際関係理論と権力／知』国際書院。

宮岡勲。二〇〇〇。「国際規範の正統性と国連総会決議――大規模遠洋流し網漁業の禁止を事例として」『国際政治』一二四号、一二三―一三六頁。

宮川公男。一九九五。『政策科学入門』東洋経済新報社。

宮里政玄。一九九二。「国際交渉と国内政治」宮里政玄・臼井久和編『新国際政治経済秩序と日米関係』同文舘。

宮下明聡・佐藤洋一郎編。二〇〇四。『現代日本のアジア外交――対米協調と自主外交のはざまで』ミネルヴァ書房。

モーゲンソー、ハンス（現代平和研究会訳）。一九八六。『国際政治――権力と平和』福村出版。

山田高敬。二〇〇四。「地球環境領域における国際秩序の構築――国家の選好と知識」藤原帰一・李鍾元・古城佳子・石田淳編『国際政治講座④　国際秩序の変動』東京大学出版会。

山田高敬・大矢根聡編。二〇〇六。『グローバル社会の国際関係論』有斐閣。

山梨奈保子。二〇〇二。「国際関係における規範概念の再検討」『法学政治学論究』五五号、一二五―一五五頁。

山本満。一九八七。「〈外圧―反応〉の循環を超えて」細谷千博・有賀貞編『国際環境の変容と日米関係』東京大学出版会。

山本吉宣。一九九四。「国際経済における対立と協調――理論と政治過程」『国際政治』一〇六号、一一―二八頁。

――。一九九六。「国際政治論」岩田一政・小寺彰・山影進・山本吉宣編『国際関係研究入門』東京大学出版会。

ラセット、ブルース（鴨武彦訳）。一九九六。『パクス・デモクラティア――冷戦後世界への原理』東京大学出版会。

ラセット、ブルース、ハーヴェイ・スター、デヴィッド・キンセラ（小野直樹・石川卓・高杉忠明訳）。二〇〇二。『世界政治の分析手法』論創社。

ローズノー、ジェームズ。一九七一。「政策決定分析の諸前提と前途」ジェームズ・チャールスワース編（田中靖政・武者小路公秀編訳）『現代政治分析Ⅲ』岩波書店。

若月秀和。二〇〇六。『「全方位外交」の時代――冷戦変容期の日本とアジア、一九七〇～八〇年』日本経済評論社。

渡辺昭夫。一九九三。「外交とは何か」『外交フォーラム』五六号、四―一二頁。

――編。一九九七。『現代日本の国際政策――ポスト冷戦の国際秩序を求めて』有斐閣。

渡邊智明。二〇〇三。「研究諸事例におけるコンストラクティビズム」『九大法学』八六号、三四一―三六四頁。

欧 文

Adler, Emanuel. 1997. “Seizing the Middle Ground: Constructivism in World Politics.” *European Journal of International Relations* 3: 319-363.
——. 2002. “Constructivism and International Relations.” In Walter Carlsnaes, Thomas Risse, and Beth Simmons, eds. *Handbook of International Relations*. London: Sage.
Alcock, Frank. 2002. “Bargaining, Uncertainty, and Property Rights in Fisheries.” *World Politics* 54: 437-461.
Allison, Graham, and Philip Zelikow. 1999. *Essence of Decision: Explaining the Cuban Missile Crisis*, 2nd ed. New York: Longman.
Anderson, Stephen. 1993. “Japan as an Active State in the Pacific Basin.” *Journal of East Asian Affairs* 7: 498-541.
Baldwin, David, ed. 1993. *Neorealism and Neoliberalism: The Contemporary Debate*. New York: Columbia Universi-

ty Press.

Barkin, J. Samuel. 2003. "Realist Constructivism." *International Studies Review* 5 : 325-342.

Bendor, Jonathan, and Thomas Hammond. 1992. "Rethinking Allison's Models." *American Political Science Review* 86 : 301-322.

Berejikian, Jeffrey. 1997. "The Gains Debate : Framing State Choice." *American Political Science Review* 91 : 789-805.

——. 2004. *International Relations under Risk.* New York : SUNY Press.

Berger, Thomas. 1996. "Norms, Identity, and National Security in Germany and Japan." In Peter Katzenstein, ed. *The Culture of National Security : Norms and Identity in World Politics.* New York : Columbia University Press.

Berman, Sheri. 2001. "Ideas, Norms, and Culture in Political Analysis." *Comparative Politics* 33 : 231-250.

Bernstein, Steven. 2001. *The Compromise of Liberal Environmentalism.* New York : Columbia University Press.

Bleich, Erik. 2002. "Integrating Ideas into Policy-Making Analysis : Frames and Race Policies in Britain and France." *Comparative Political Studies* 35 : 1054-1076.

Blyth, Mark. 1997. "Any More Bright Ideas ? The Ideational Turn of Comparative Political Economy." *Comparative Politics* 29 : 229-250.

Brecher, Michael, Blema Steinberg, and Janice Stein. 1969. "A Framework for Research on Foreign Policy Behavior." *Journal of Conflict Resolution* 13 : 75-101.

Brewer, Thomas. 1986. *American Foreign Policy : A Contemporary Introduction,* 2nd ed. Englewood Cliffs : Prentice Hall.

Brooks, Stephen, and William Wohlforth. 2000. "Power, Globalization, and the End of the Cold War : Reevaluating a Landmark Case for Ideas." *International Security* 25 : 5-53.

Brown, Michael, ed. 1995. *The Perils of Anarchy : Contemporary Realism and International Security.* Cambridge : MIT Press.

Brown, Michael, Sean Lynn-Jones, and Steven Miller, eds. 1996. *Debating the Democratic Peace.* Cambridge : The MIT Press.

Bueno de Mesquita, Bruce. 2000. *Principles of International Politics : People's Power, Preferences, and Perceptions.* Washington, D. C. : Congressional Quarterly Press.

Calder, Kent. 1988. "Japanese Foreign Economic Policy Formation." *World Politics* 40 : 517-541.

Campbell, David. 1998. *Writing Security : United States Foreign Policy and the Politics of Identity,* 2nd ed. Minneapolis : University of Minnesota Press.

Campbell, John. 1997. "Recent Trends in Institutional Political Economy." *International Journal of Sociology and Social Policy* 17 : 15-56.

——. 2004. *Institutional Change and Globalization.* Princeton : Princeton University Press.

Cardenas, Sonia. 2004. "Norm Collision : Explaining the Effects of International Human Rights Pressure on State Behavior." *International Studies Review* 6 : 213-231.

Carlsnaes, Walter. 1992. "The Agent-Structure Problem in Foreign Policy Analysis." *International Studies Quarterly* 36 : 245-270.

——. 2002. "Foreign Policy." In Walter Carlsnaes, Thomas Risse, and Beth Simmons, eds. *Handbook of International Relations.* London : Sage.

Chai, Sun-Ki. 2001. *Choosing an Identity : A General Model of Preference and Belief Formation.* Ann Arbor : The University of Michigan Press.

Checkel, Jeffrey. 1997. *Ideas and International Political Change : Soviet/Russian Behavior and the End of the Cold War.* New Haven : Yale University Press.

——. 1998. "The Constructivist Turn in International Relations Theory." *World Politics* 50 : 324-348.

——. 1999. "Norms, Institutions, and National Identity in Contemporary Europe." *International Studies Quarterly* 43 : 83-114.

——. 2001. "Why Comply ? Social Learning and European Identity Change." *International Organization* 55 : 553-588.

Christensen, Thomas. 1996. *Useful Adversaries : Grand Strategy, Domestic Mobilization, and Sino-American Conflict, 1947-1958.* Princeton : Princeton University Press.

Chung, Chien-peng. 2004. *Domestic Politics, International*

Bargaining and China's Territorial Disputes. London : RoutledgeCurzon.

Clark, William. 1998. "Agents and Structures : Two Views of Preferences, Two Views of Institutions." *International Studies Quarterly* 42 : 245-270.

Clarke, Michael, and Brian White, eds. 1989. *Understanding Foreign Policy : The Foreign Policy Systems Approach.* London : Gower.

Clemens, Clay. 1989. *Reluctant Realists : The Christian Democrats and West German Ostpolitik.* Durham : Duke University Press.

Cohen, Bernard, and Scott Harris. 1975. "Foreign Policy." In Fred Greenstein and Nelson Polsby, eds. *Handbook of Political Science, vol. 6 : Policies and Policymaking.* Reading, Mass. : Addison-Wesley.

Cortell, Andrew, and James Davis. 2000. "Understanding the Domestic Impact of International Norms : A Research Agenda." *International Studies Review* 2 : 65-90.

——. 2005. "When Norms Clash : International Norms, Domestic Practices, and Japan's Internalisation of the GATT/WTO." *Review of International Studies* 31 : 3-25.

Cowhey, Peter. 1993. "Domestic Institutions and the Credibility of International Commitments : Japan and the United States." *International Organization* 47 : 299-326.

Cronin, Bruce. 1999. *Community under Anarchy : Transnational Identity and the Evolution of Cooperation.* New York : Columbia University Press.

Dai, Xinyuan. 2005. "Why Comply ? The Domestic Constituency Mechanism." *International Organization* 59 : 363-398.

Der Derian, James. 1987. *On Diplomacy : The Genealogy of Western Estrangement.* Oxford : Blackwell.

Dobson, Hugo. 2003. *Japan and United Nations Peacekeeping.* London : RoutledgeCruzon.

Donnelly, Jack. 2000. *Realism and International Relations.* Cambridge : Cambridge University Press.

Doyle, Michael. 1986. "Liberalism and World Politics." *American Political Science Review* 80 : 1151-1169.

——. 1997. *Ways of War and Peace : Realism, Liberalism, and Socialism.* New York : Norton.

Elman, Colin. 1996. "Horses for Courses: Why Not Neorealist Theories of Foreign Policy." *Security Studies* 6 : 7-53.

Elster, Jon. 2000. *Ulysses Unbound : Studies in Rationality, Precommitment, and Constraints.* New York : Cambridge University Press.

English, Robert. 2002. "Power, Ideas, and New Evidence on the Cold War's End : A Reply to Brooks and Wohlforth." *International Security* 26 : 70-92.

Fearon, James. 1998. "Bargaining, Enforcement, and International Cooperation." *International Organization* 52 : 269-305.

Fearon, James, and Alexander Wendt. 2002. "Rationalism vs. Constructivism : A Skeptical View." In Walter Carlsnaes, Thomas Risse, and Beth Simmons, eds. *Handbook of International Relations.* London : Sage.

Finnemore, Martha, and Kathryn Sikkink. 1998. "International Norm Dynamics and Political Change." *International Organization* 52 : 887-917.

——. 2001. "Taking Stock : The Constructivist Research Program in International Relations and Comparative Politics." *Annual Review of Political Science* 4 : 391-416.

Franceschet, Antonio. 2002. *Kant and Liberal Internationalism : Sovereignty, Justice, and Global Reform.* New York : Palgrave.

Frieden, Jeffry. 1999. "Actors and Preferences in International Relations." In David Lake and Robert Powell, eds. *Strategic Choice and International Relations.* Princeton : Princeton University Press.

Frieden, Jeffry, and Lisa Martin. 2002. "International Political Economy : Global and Domestic Interactions." In Ira Katznelson and Helen Milner, eds. *Political Science : State of the Discipline.* New York : Norton.

Gaddis, John. 1982. *Strategies of Containment.* Oxford : Oxford University Press.

——. 1992-1993. "International Relations Theory and the End of the Cold War." *International Security* 17 : 5-58.

Garrett, Geoffrey, and Peter Lange. 1996. "Internationalization, Institutions, and Political Change." In Robert Keohane and Helen Milner, eds. *Internationalization and*

Domestic Politics. Cambridge: Cambridge University Press.

Gelpi, Christopher, and Michael Griesdorf. 2001. "Winners or Losers? Democracies in International Crisis, 1918-94." *American Political Science Review* 95: 633-647.

Gerber, Elisabeth, and John Jackson. 1993. "Endogenous Preferences and the Study of Institutions." *American Political Science Review* 87: 639-659.

Gilpin, Robert. 1981. *War and Change in World Politics*. Princeton: Princeton University Press.

Goertz, Gary, and Paul Diehl. 1992. "Toward a Theory of International Norms." *Journal of Conflict Resolution* 36: 634-664.

Goldstein, Judith. 1993. *Ideas, Interests and American Trade Policy*. Ithaca: Cornell University Press.

Goldstein, Judith, and Robert Keohane, eds. 1993. *Ideas and Foreign Policy: Beliefs, Institutions, and Political Change*. Ithaca: Cornell University Press.

Green, Donald, Soo Yeon Kim, and David Yoon. 2001. "Dirty Pool." *International Organization* 55: 441-468.

Green, Michael. 2001. *Japan's Reluctant Realism*. New York: Palgrave.

Grieco, Joseph. 1988. "Anarchy and the Limits of Cooperation." *International Organization* 42: 485-507.

——. 1990. *Cooperation among Nations: Europe, America and Non-Tariff Barriers to Trade*. Ithaca: Cornell University Press.

Grimes, William. 2003. "Institutionalized Inertia: Japanese Foreign Policy in the Post-Cold War World." In G. John Ikenberry and Michael Mastanduno, eds. *International Relations Theory and the Asia-Pacific*. New York: Columbia University Press.

Gross, Feliks. 1954. *Foreign Policy Analysis*. New York: Philosophical Library.

Haar, Roberta. 2001. *Nation States as Schizophrenics: Germany and Japan as Post-Cold War Actors*. Westport: Praeger.

Haas, Ernst. 1964. *Beyond the Nation State: Functionalism and International Organization*. Stanford: Stanford University Press.

Hacking, Ian. 1999. *The Social Construction of What?* Cambridge : Harvard University Press.

Haggard, Stephan. 1992. "Structuralism and Its Critics : Recent Progress in International Relations Theory." In Emanuel Adler and Beverly Crawford, eds. *Progress in International Relations Theory.* Berkeley : University of California Press.

Hagström, Linus. 2005. "Quiet Power : Japan's China Policy in regard to the Pinnacle Islands." *The Pacific Review* 18 : 150-188.

Hall, Peter. 1986. *Governing the Economy.* New York : Oxford University Press.

——. 1989. *The Political Power of Economic Ideas.* Princeton : Princeton University Press.

Hall, Peter, and Rosemary Taylor. 1996. "Political Science and the Three New Institutionalism." *Political Studies* 44 : 936-957.

Hall, Rodney. 1999. *National Collective Identity : Social Constructs and International Systems.* New York : Columbia University Press.

Hay, Colin. 2002. *Political Analysis : A Critical Introduction.* Basingstoke : Palgrave.

——. 2004. "'Taking Ideas Seriously' in Explanatory Political Analysis." *The British Journal of Politics and International Relations* 6 : 142-149.

Heginbotham, Eric, and Richard Samuels. 1998. "Mercantile Realism and Japanese Foreign Policy." *International Security* 22 : 171-203.

Henkin, Louis. 1968. *How Nations Behave.* New York : Columbia University Press.

Hermann, Charles, Charles Kegley, and James Rosenau, eds. 1987. *New Directions in the Study of Foreign Policy.* Boston : Allen & Unwin.

Hill, Christopher. 2003. *The Changing Politics of Foreign Policy.* New York : Palgrave Macmillan.

Hirata, Keiko. 2001. "Reaction and Action : Analyzing Japan's Relations with the Socialist Republic of Vietnam." In S. Javed Maswood, ed. *Japan and East Asian Regionalism.* London : Routledge.

——. 2004. "Beached Whales : Explaining Japan's Rejection

of an International Norm." *Social Science Japan Journal* 7 : 177-197.

Hoffmann, Stanley. 1987. *Janus and Minerva : Essays in the Theory and Practice of International Politics.* Boulder : Westview Press.

Hollis, Martin, and Steve Smith. 1990. *Explaining and Understanding International Relations.* Oxford : Clarendon Press.

Hook, Glenn, Julie Gilson, Christopher Hughes, and Hugo Dobson. 2001. *Japan's International Relations : Politics, Economics and Security.* London : Routledge.

Houghton, David. 2007. "Reinvigorating the Study of Foreign Policy Decision Making : Toward a Constructivist Approach." *Foreign Policy Analysis* 3 : 24-45.

Hudson, Valerie. 2007. *Foreign Policy Analysis : Classic and Contemporary Theory.* Lanham : Rowman & Littlefield Publishers.

Iida, Keisuke. 1993. "When and How Do Domestic Constraints Matter ? Two Level Games with Uncertainty." *Journal of Conflict Resolution* 37 : 403-426.

Ikle, Fred. 1964. *How Nations Negotiate.* New York : Praeger.

Jackson, Patrick, and Daniel Nexon. 2004. "Constructivist Realism or Realist-Constructivism." *International Studies Review* 6 : 337-341.

Jacobsen, John. 1995. "Much Ado about Ideas : The Cognitive Factor in Economic Policy." *World Politics* 47 : 283-310.

——. 2003. "Duelling Constructivisms : A Post-mortem on the Ideas Debate in Mainstream IR/IPE." *Review of International Studies* 29 : 39-60.

James, Patrick. 2002. *International Relations and Scientific Progress : Structural Realism Reconsidered.* Columbus : The Ohio State University Press.

Jensen, Lloyd. 1982. *Explaining Foreign Policy.* Englewood Cliffs : Prentice-Hall.

Jervis, Robert. 1976. *Perception and Misperception in International Politics.* Princeton : Princeton University Press.

——. 1998. "Realism in the Study of World Politics." *International Organization* 52 : 971-991.

——. 1999. "Realism, Neoliberalism, and Cooperation: Understanding the Debate." *International Security* 24: 42-63.

Johnston, Alastair. 2003. "Socialization in International Institutions: The ASEAN Way and International Relations Theory." In G. John Ikenberry and Michael Mastanduno, eds. *International Relations Theory and the Asia-Pacific*. New York: Columbia University Press.

Jonsson, Christer. 2002. "Diplomacy, Negotiation and Bargaining." In Walter Carlsnaes, Thomas Risse, and Beth Simmons, eds. *Handbook of International Relations*. London: Sage.

Jonsson, Christer, and Richard Langhorne, eds. 2004. *Diplomacy*. London: Sage Publications.

Kahl, Colin. 1999. "Constructing a Separate Peace: Constructivism, Collective Liberal Identity, and Democratic Peace." *Security Studies* 8: 94-144.

Kaplan, Morton. 1957. *System and Process in International Politics*. New York: John Wiley & Sons.

Kapstein, Ethan. 1995. "Is Realism Dead? The Domestic Sources of International Politics." *International Organization* 49: 751-774.

Katada, Saori, Hanns Maull, and Takashi Inoguchi, eds. 2004. *Global Governance: Germany and Japan in the International System*. London: Ashgate.

Katzenstein, Peter. 1993. "Coping with Terrorism: Norms and Internal Security in Germany and Japan." In Judith Goldstein and Robert Keohane, eds. *Ideas and Foreign Policy: Beliefs, Institutions, and Political Change*. Ithaca: Cornell University Press.

——, ed. 1996. *The Culture of National Security: Norms and Identity in World Politics*. New York: Columbia University Press.

Katzenstein, Peter, and Nobuo Okawara. 2001-2002. "Japan, Asia-Pacific Security, and the Case for Analytical Eclecticism." *International Security* 26: 153-185.

Katzenstein, Peter, Robert Keohane, and Stephen Krasner. 1998. "International Organization and the Study of World Politics." *International Organization* 52: 645-685.

Kegley, Charles, ed. 1995. *Controversies in International*

Relations Theory: Realism and the Neoliberalism Challenge. New York : St. Martin's Press.

Kelman, Herbert, ed. 1965. *International Behavior*. New York : Holt, Rinehart and Winston.

Keohane, Robert, ed. 1986. *Neorealism and Its Critics*. New York : Columbia University Press.

——. 1989. *International Institutions and State Power*. Boulder : Westview Press.

——. 1990. "International Liberalism Reconsidered." In John Dunn, ed. *The Economic Limits to Modern Politics*. Cambridge : Cambridge University Press.

——. 1993. "Institutional Theory and the Realist Challenge after the Cold War." In David Baldwin, ed. *Neorealism and Neoliberalism : The Contemporary Debate*. New York : Columbia University Press.

Keohane, Robert, and Lisa Martin. 1995. "The Promise of Institutionalist Theory." *International Security* 20 : 39–51.

Keohane, Robert, and Helen Milner, eds. 1996. *Internationalization and Domestic Politics*. Cambridge : Cambridge University Press.

Keohane, Robert, and Joseph Nye. 1977. *Power and Interdependence : World Politics in Transition*. Boston : Little, Brown.

Kingdon, John. 1984. *Agendas, Alternatives, and Public Policies*. Boston : Little, Brown.

Klotz, Audie. 1995. *Norms in International Relations : The Struggle against Apartheid*. Ithaca : Cornell University Press.

Klotz, Audie, and Cecelia Lynch. 2007. *Strategies for Research in Constructivist International Relations*. Armonk : M. E. Sharpe.

Knopf, Jeffrey. 1993. "Beyond Two-Level Games : Domestic-International Interaction in the Intermediate-Range Nuclear Force Negotiations." *International Organization* 47 : 599–628.

Koslowski, Rey, and Friedrich Kratochwil. 1995. "Understanding Change in International Relations : Soviet Empire's Demise and the International System." In Richard Lebow and Thomas Risse-Kappen, eds. *International Relations Theory and the End of the Cold War*. New

York : Columbia University Press.

Kowert, Paul. 1998-1999. "National Identity : Inside and Out." *Security Studies* 8 : 1-34.

——. 2001. "Toward a Constructivist Theory of Foreign Policy." In Vendulka Kubalkova, ed. *Foreign Policy in a Constructed World*. New York : M. E. Sharpe.

Krasner, Stephen, ed. 1983. *International Regimes*. Ithaca : Cornell University Press.

Krauss, Ellis. 1993. "US and Japanese Negotiations on Construction and Semiconductors, 1985-1988 : Building Friction and Relation-Chip." In Peter Evans, Harold Jacobson, and Robert Putnam, eds. *Double-Edged Diplomacy : International Bargaining and Domestic Politics*. New York : Columbia University Press.

Kubalkova, Vendulka. 2001a. "Foreign Policy, International Politics, and Constructivism." In Vendulka Kubalkova, ed. *Foreign Policy in a Constructed World*. New York : M. E. Sharpe.

——, ed. 2001b. *Foreign Policy in a Constructed World*. New York : M. E. Sharpe.

——. 2001c. "Soviet 'New Thinking' and the End of the Cold War : Five Explanations." In Vendulka Kubalkova, ed. *Foreign Policy in a Constructed World*. New York : M. E. Sharpe.

Labs, Eric. 1997. "Beyond Victory : Offensive Realism and the Expansion of War Aims." *Security Studies* 6 : 1-49.

Lairson, Thomas, and David Skidmore. 2003. *International Political Economy : The Struggle for Power and Wealth*. Velmont : Wadsworth.

Lake, David, and Robert Powell, eds. 1999. *Strategic Choice and International Relations*. Princeton : Princeton University Press.

Lapid, Yosef. 1989. "The Third Debate : On the Prospects of International Theory in a Post-Positive Era." *International Studies Quarterly* 33 : 235-254.

Lapid, Yosef, and Friedrich Kratochwil, eds. 1996. *The Return of Culture and Identity in IR Theory*. Boulder : Lynne Rienner.

Lebow, Richard. 1995. "The Long Peace, the End of the Cold War, and the Failure of Realism." In Richard Lebow and

Thomas Risse-Kappen, eds. *International Relations Theory and the End of the Cold War*. New York : Columbia University Press.

——. 1999. "The Rise and Fall of the Cold War in Comparative Perspective." *Review of International Studies* 25 : 21-39.

——. 2001. "Thucydides the Constructivist." *American Political Science Review* 95 : 547-560.

Lebow, Richard, and Thomas Risse-Kappen, eds. 1995. *International Relations Theory and the End of the Cold War*. New York : Columbia University Press.

Lee, Young Wook. 2006. "Japan and the Asian Monetary Fund : An Identity-Intention Approach." *International Studies Quarterly* 50 : 339-366.

Legro, Jeffrey. 1996. "Culture and Preferences in the International Cooperation Two-Step." *American Political Science Review* 90 : 118-137.

——. 1997. "Which Norms Matter ? Revisiting the Failure of Internationalism." *International Organization* 51 : 31-63.

Legro, Jeffrey, and Andrew Moravcsik. 1999. "Is Anybody Still a Realist ?" *International Security* 24 : 5-55.

Lieberman, Robert. 2002. "Ideas, Institutions, and Political Order : Explaining Political Change." *American Political Science Review* 96 : 697-712.

Light, Margot. 1994. "Foreign Policy Analysis." In A. J. R. Groom and Margot Light, eds. *Contemporary International Relations*. London : Pinter.

Long, David. 2002. "The Harvard School of Liberal International Theory : A Case for Closure." In Eivind Hovden and Edward Keene, eds. *The Globalization of Liberalism*. New York : Palgrave.

Lynn-Jones, Sean. 1998. "Realism and America's Rise." *International Security* 23 : 157-182.

March, James, and Johan Olsen. 1998. "The Institutional Dynamics of International Political Orders." *International Organization* 52 : 943-969.

Martin, Lisa. 2000. *Democratic Commitments : Legislatures and International Cooperation*. Princeton : Princeton University Press.

——. 2007. "Neoliberalism." In Tim Dunne, Milja Kurki, and Steve Smith, eds. *International Relations Theories: Discipline and Diversity*. Oxford: Oxford University Press.

Mastanduno, Michael. 1991. "Do Relative Gains Matter?" *International Security* 16: 73-113.

Mastanduno, Michael, David Lake, and G. John Ikenberry. 1989. "Toward a Realist Theory of State Action." *International Studies Quarterly* 33: 457-474.

McDermott, Rose. 1998. *Risk-Taking in International Politics: Prospect Theory in American Foreign Policy*. Ann Arbor: The University of Michigan Press.

Mearsheimer, John. 1990. "Back to the Future: Instability in Europe after the Cold War." *International Security* 15: 5-56.

——. 1994. "The False Promise of International Institutions." *International Security* 19: 5-49.

——. 1995. "A Realist Reply." *International Security* 20: 82-93.

——. 2001. *The Tragedy of Great Power Politics*. New York: Norton.

——. 2007. "Structural Realism." In Tim Dunne, Milja Kurki, and Steve Smith, eds. *International Relations Theories: Discipline and Diversity*. Oxford: Oxford University Press.

Mendelson, Sarah. 1998. *Changing Course: Ideas, Politics, and the Soviet Withdrawal from Afghanistan*. Princeton: Princeton University Press.

Merritt, Richard, ed. 1975. *Foreign Policy Analysis*. New York: Praeger.

Meyerson, Christopher. 2003. *Domestic Politics and International Relations in US-Japan Trade Policymaking: The GATT Uruguay Round Agriculture Negotiations*. London: Palgrave Macmillan.

Mikanagi, Yumiko. 1996. *Japan's Trade Policy: Action or Reaction?* London: Routledge.

Milliken, Jennifer. 1999. "The Study of Discourse in International Relations: A Critique of Research and Methods." *European Journal of International Relations* 5: 225-254.

Milner, Helen. 1992. "International Theories of Cooperation among Nations: Strengths and Weaknesses." *World Politics* 44 : 467–496.

——. 1997. *Interests, Institutions, and Information : Domestic Politics and International Relations.* Princeton : Princeton University Press.

——. 1998. "Rationalizing Politics: The Emerging Synthesis of International, American, and Comparative Politics." *International Organization* 52 : 759–786.

Miyaoka, Isao. 1997. "Foreign Pressure and the Japanese Policymaking Process: A Theoretical Framework." Discussion Paper Series, Institute of Social Science, University of Tokyo.

——. 2004. *Legitimacy in International Society : Japan's Reaction to Global Wildlife Preservation.* New York : Palgrave Macmillan.

Miyashita, Akitoshi. 2003. *Limits to Power : Asymmetric Dependence and Japanese Foreign Aid Policy.* Lanham : Lexington Books.

Mo, Jongryn. 1994. "The Logic of Two-Level Games with Endogenous Domestic Coalitions." *Journal of Conflict Resolution* 47 : 402–422.

——. 1995. "Domestic Institutions and International Bargaining: The Role of Agent Veto in Two-Level Games." *American Political Science Review* 89 : 914–924.

Modelski, George. 1962. *A Theory of Foreign Policy.* New York : Praeger.

Moravcsik, Andrew. 1992. *Liberalism and International Relations Theory.* Working Paper Series No. 92-6. Cambridge : Center for International Affairs, Harvard University.

——. 1993. "Introduction : Integrating International and Domestic Theories of International Bargaining." In Peter Evans, Harold Jacobson, and Robert Putnam, eds. *Double-Edged Diplomacy : International Bargaining and Domestic Politics.* New York : Columbia University Press.

——. 1997. "Taking Preferences Seriously : A Liberal Theory of International Politics." *International Organization* 51 : 513–553.

——. 1998. *The Choice for Europe : Social Purpose and State*

Power from Messina to Maastricht. Ithaca : Cornell University Press.

——. 2003. "Liberal International Relations Theory : A Scientific Assessment." In Colin Elman and Miriam Elman, eds. *Progress in International Relations Theory : Appraising the Field.* Cambridge : MIT Press.

Morrow, James. 1988. "Social Choice and System Structure in World Politics." *World Politics* 41 : 75-97.

Morse, Edward. 1976. *Modernization and the Transformation of International Relations.* New York : Free Press.

Muller, Harald. 2004. "Arguing, Bargaining and All That : Communicative Action, Rationalist Theory and the Logic of Appropriateness in International Relations." *European Journal of International Relations* 10 : 395-435.

Nabers, Dirk. 2003. "The Social Construction of International Institutions : The Case of ASEAN＋3." *International Relations of the Asia-Pacific* 3 : 113-136.

Naka, Norio. 1996. *Predicting Outcomes in United States-Japan Trade Negotiations.* Westport : Quorum Books.

Neack, Laura, Jeanne Hey, and Patrick Haney. 1995. *Foreign Policy Analysis : Continuity and Change in Its Second Generation.* Englewood Cliffs : Prentice Hall.

O'Halloran, Sharyn. 1994. *Politics, Process, and American Trade Policy.* Ann Arbor : The University of Michigan Press.

O'Neill, Kate, Jörg Balsiger, and Stacy VanDeveer. 2004. "Actors, Norms, and Impact : Recent International Cooperation Theory and the Influence of the Agent-Structure Debate." *Annual Review of Political Science* 7 : 149-175.

Owen, John. 1997. *Liberal Peace, Liberal War : American Politics and International Security.* Ithaca : Cornell University Press.

Oye, Kenneth. 1995. "Explaining the End of the Cold War." In Richard Lebow and Thomas Risse-Kapen, eds. *International Relations Theory and the End of the Cold War.* New York : Columbia University Press.

Pettman, Ralf. 1975. *Human Behavior and World Politics.* New York : St. Martin's Press.

Philpott, Daniel. 1996. "The Possibilities of Ideas." *Security*

Studies 5 : 183-196.

Potter, David, and Sueo Sudo. 2003. "Japanese Foreign Policy : No Longer Reactive ?" *Political Studies Review* 1 : 317-332.

Poullada, Leon. 1974. "Diplomacy : The Missing Links in the Study of International Politics." In David McLellan, William Olson, and Fred Sondermann, eds. *The Theory and Practice of International Relations,* 4th ed. Englewood Cliffs : Prentice-Hall.

Powell, Robert. 1994. "Anarchy in International Relations Theory : The Neorealist-Neoliberal Debate." *International Organization* 48 : 313-344.

——. 1999. *In the Shadow of Power : States and Strategies in International Politics.* Princeton : Princeton University Press.

Putnam, Robert. 1988. "Diplomacy and Domestic Politics : The Logic of Two-Level Games." *International Organization* 48 : 427-460.

Rengger, Nicholas. 2000. *International Relations, Political Theory and the Problem of World Order.* London : Routledge.

Reus-Smit, Christian. 2001. "Constructivism." In Scott Burchill, et al., eds. *Theories of International Relations,* 2nd ed. New York : Palgrave.

Risse, Thomas. 2000. "Let's Argue ! Communicative Action in World Politics." *International Organization* 54 : 1-39.

Risse-Kappen, Thomas. 2002. "Constructivism and International Institutions : Toward Conversations across Paradigms." In Ira Katznelson and Helen Milner, eds. *Political Science : State of the Discipline.* New York : Norton.

Risse-Kappen, Thomas, Stephen Ropp, and Kathryn Sikkink. 1999. *The Power of Human Rights : International Norms and Domestic Change.* Cambridge : Cambridge University Press.

Rittberger, Volker, ed. 2001. *German Foreign Policy since Unification.* Manchester : Manchester University Press.

Rix, Alan. 1993. "Japan and the Region : Leading from Behind." In Richard Higgott, Richard Leaver, and John Ravenhill, eds. *Pacific Economic Relations in the 1990s : Cooperation or Conflict ?* St Leonards : Allen & Unwin.

Rose, Gideon. 1998. "Neoclassical Realism and Theories of Foreign Policy." *World Politics* 51 : 144–172.

Rosenau, James. 1966. "Pre-theories and Theories of Foreign Policy." In R. Barry Farrell, ed. *Approaches to Comparative and International Politics.* Evanston : Northwestern University Press.

——, ed. 1967. *Domestic Sources of Foreign Policy.* New York : Free Press.

——, ed. 1969a. *International Politics and Foreign Policy.* New York : Free Press.

——. 1969b. *Linkage Politics : Essays on the Convergence of National and International Systems.* New York : Free Press.

——. 1984. "A Pre-theory Revisited : World Politics in an Era of Cascading Interdependence." *International Studies Quarterly* 28 : 245–305.

Rousseau, David, and Maurits van der Veen. 2005. "The Emergence of a Shared Identity." *Journal of Conflict Resolution* 49 : 686–712.

Ruggie, John. 1982. "International Regimes, Transactions, and Change : Embedded Liberalism in the Postwar Economic Order." *International Organization* 36 : 379–415.

——. 1995. "The False Premise of Realism." *International Security* 20 : 62–70.

——. 1998. "What Makes the World Hang Together ? Neo-utilitarianism and the Social Constructivist Challenge." *International Organization* 52 : 874–876.

Russett, Bruce. 1995. "Processes of Dyadic Choice for War and Peace." *World Politics* 47 : 268–282.

Russett, Bruce, and John Oneal. 2001. *Triangulating Peace : Democracy, Interdependence, and International Organizations.* New York : Norton.

Sawyer, Jack, and Harold Guetzkow. 1965. "Bargaining and Negotiation in International Relations." In Herbert Kelman, ed. *International Behavior.* New York : Rinehart & Winston.

Schelling, Thomas. 1960. *The Strategy of Conflict.* Cambridge : Harvard University Press.

Schoppa, Leonard. 1997. *Bargaining with Japan : What*

American Pressure Can and Cannot Do. New York : Columbia University Press.

Schroeder, Paul. 1994. "Historical Reality vs. Neo-realist Theory." *International Security* 19 : 108-148.

Schweller, Randall. 1998. *Deadly Imbalances : Tripolarity and Hitler's Strategy of World Conquest*. New York : Columbia University Press.

——. 2003. "The Progressiveness of Neoclassical Realism." In Colin Elman and Miriam Elman, eds. *Progress in International Relations Theory*. Cambridge : MIT Press.

Sending, Ole. 2002. "Constitution, Choice and Change : Problems with the 'Logic of Appropriateness' and Its Use in Constructivist Theory." *European Journal of International Relations* 8 : 443-470.

Simmons, Beth. 1994. *Who Adjust ? Domestic Sources of Foreign Economic Policy during the Interwar Years*. Princeton : Princeton University Press.

Simon, Herbert. 1957. *Models of Man*. New York : Wiley.

Singer, Eric, and Valerie Hudson. 1992. *Political Psychology and Foreign Policy*. Boulder : Westview Press.

Smith, Steve. 2000. "Wendt's World." *Review of International Studies* 26 : 151-163.

Smith, Steve, Ken Booth, and Marysia Zalewski, eds. 1996. *International Theory : Positivism and Beyond*. Cambridge : Cambridge University Press.

Smith, Thomas. 1999. *History and International Relations*. London : Routledge.

Snidal, Duncan. 1991. "Relative Gains and the Pattern of International Cooperation." *American Political Science Review* 85 : 701-726.

——. 2002. "Rational Choice and International Relations." In Walter Carlsnaes, Thomas Risse, and Beth Simmons, eds. *Handbook of International Relations*. London : Sage.

Snyder, Glenn. 1996. "Process Variables in Neorealist Analysis." *Security Studies* 5 : 167-192.

Snyder, Jack. 1991. *Myths of Empire : Domestic Politics and International Ambition*. Ithaca : Cornell University Press.

——. 2004. "One World, Rival Theories." *Foreign Policy* 145 : 53-62.

Snyder, Richard, H. Bruck, and Burton Sapin. 1962. *Foreign*

Policy Decision-Making: An Approach to the Study of International Politics. New York: Free Press.

Snyder, Robert. 2005. "Bridging the Realist/Constructivist Divide: The Case of the Counterrevolution in Soviet Foreign Policy at the End of the Cold War." *Foreign Policy Analysis* 1: 55-71.

Spar, Debora. 1992. "Co-Developing the FSX Fighter: The Domestic Calculus of International Cooperation." *International Security* 47: 265-292.

Sprout, Margaret, and Harold Sprout. 1956. *Man-Milieu Relationship Hypotheses in the Context of International Politics*. Princeton: Center of International Studies, Princeton University.

Stein, Arthur. 1999. "The Limits of Strategic Choice: Constrained Rationality and Incomplete Explanation." In David Lake and Robert Powell, eds. *Strategic Choice and International Relations*. Princeton: Princeton University Press.

Steinbruner, John. 1974. *The Cybernetic Theory of Decision: New Dimensions of Political Analysis*. Princeton: Princeton University Press.

Sterling-Folker, Jennifer. 2002. *Theories of Cooperation and the Primacy of Anarchy*. New York: State University of New York Press.

Sudo, Sueo. 1992. *The Fukuda Doctrine and ASEAN*. Singapore: Institute for Southeast Asian Studies.

——. 2002. "The Emerging Patterns of Japanese Foreign Policy in the 1990s: Ideas, Networks, and East Asia." *Academia* 75: 293-317.

Sullivan, Michael. 2002. *Theories of International Relations*. New York: Palgrave Macmillan.

Taliaferro, Jeffrey. 2000-2001. "Security Seeking under Anarchy." *International Security* 25: 128-161.

Tarar, Ahmer. 2001. "International Bargaining with Two-Sided Domestic Constraints." *Journal of Conflict Resolution* 45: 320-340.

Telhami, Shibley. 2002. "Kenneth Waltz, Neorealism, and Foreign Policy." *Security Studies* 11: 158-170.

Terada, Takashi. 2003. "Constructing an 'East Asian' Concept and Growing Regional Identity: From EAEC to

ASEAN＋3." *The Pacific Review* 16 : 251-277.

Tullock, Gordon. 1962. "Economic Imperialism." In James Buchanan and Robert Tollison, eds. *The Theory of Public Choice*. Ann Arbor : The University of Michigan Press.

Twomey, Christopher. 2000. "Japan, a Circumscribed Balancer : Building on Defensive Realism to Make Predictions about East Asian Security." *Security Studies* 9 : 167-205.

Underdal, Arild, and Kenneth Hanf, eds. 2000. *International Environmental Agreements and Domestic Politics*. London : Ashgate.

Vasquez, John. 1997. "The Realist Paradigm and Degenerative versus Progressive Research Programs." *American Political Science Review* 91 : 899-913.

Vertzberger, Yaacov. 2002. "Foreign Policy Analysis." In Michael Brecher and Frank Harvey, eds. *Conflict, Security, Foreign Policy and International Political Economy*. Ann Arbor : The University of Michigan Press.

Wæber, Ole. 1996. "The Rise and Fall of the Inter-Paradigm Debate." In Steve Smith, Ken Booth, and Marysia Zalewski, eds. *International Theory : Positivism and Beyond*. Cambridge : Cambridge University Press.

Walt, Stephen. 1998. "International Relations : One World, Many Theories." *Foreign Policy* 110 : 29-46.

Waltz, Kenneth. 1959. *Man, the State, and War : A Theoretical Analysis*. New York : Columbia University Press.

——. 1979. *Theory of International Politics*. Reading, Mass. : Addison-Wesley.

——. 1986. "Reflections on Theory of International Politics." In Robert Keohane, ed. *Neorealism and Its Critics*. New York : Columbia University Press.

——. 1993. "The Emerging Structure of International Politics." *International Security* 18 : 5-43.

——. 1996. "International Politics Is Not Foreign Policy." *Security Studies* 6 : 54-57.

——. 1997. "Evaluating Theories." *American Political Science Review* 91 : 913-918.

Wan, Min. 2001. *Japan between Asia and the West : Economic Power and Strategic Balance*. Armonk : M. E. Sharpe.

Webber, Mark, and Michael Smith. 2002. *Foreign Policy in a Transformed World.* Harlow : Pearson Education.

Weber, Cynthia. 2005. *International Relations Theory : A Critical Introduction.* London : Routledge.

Welch, David. 2005. *Painful Choices : A Theory of Foreign Policy Change.* Princeton : Princeton University Press.

Wendt, Alexander. 1987. "The Agent-Structure Problem in International Relations Theory." *International Organization* 41 : 335-370.

——. 1992. "Anarchy Is What States Make of It : The Social Construction of Power Politics." *International Organization* 46 : 391-425.

——. 1994. "Collective Identity Formation and the International State." *American Political Science Review* 88 : 384-396.

——. 1999. *Social Theory of International Politics.* Cambridge : Cambridge University Press.

Wildavski, Aaron. 1987. "Choosing Preferences by Constructing Institutions." *American Political Science Review* 81 : 3-21.

Williams, Michael. 2005. *The Realist Tradition and the Limits of International Relations.* Cambridge : Cambridge University Press.

Wohlforth, William. 1993. *The Elusive Balance : Power and Perceptions during the Cold War.* Ithaca : Cornell University Press.

——. 1998. "Reality Check : Revising Theories of International Politics in Response to the End of the Cold War." *World Politics* 50 : 650-680.

Wolfers, Arnold. 1962. *Discord and Collaboration.* Baltimore : The Johns Hopkins Press.

Yamada, Takahiro. 2001. "Explaining Japan's Neo-Classical Liberal Response to the WTO's Telecommunications Regime." *Journal of International Studies* 48 : 1-33.

Yasutomo, Dennis. 1995. *The New Multilateralism in Japan's Foreign Policy.* New York : St. Martin's Press.

Yee, Albert. 1996. "The Causal Effect of Ideas on Politics.' *International Organization* 50 : 69-108.

Yoshimatsu, Hidetaka. 2003. *Japan and East Asia in*

Transition: Trade Policy, Crisis and Evolution, and Regionalism. New York : Palgrave Macmillan.

Zakaria, Fareed. 1992. "Realism and Domestic Politics." *International Security* 17 : 177-198.

——. 1998. *From Wealth to Power: The Unusual Origins of American World Role*. Princeton : Princeton University Press.

Zehfuss, Maja. 2002. *Constructivism in International Relations: The Politics of Reality*. Cambridge : Cambridge University Press.

あとがき

ようやく本書が世に問われることになった。省みれば、対外政策・対外行動というテーマに関心を持ち始めたのは三〇年ほど前の大学院時代である。外交史の大家にスナイダー・モデルやアリソン・モデルを習ったことを今でも鮮明に記憶している。留学先のミシガン大学においても、A・F・K・オーガンスキー教授のTAをしながら、デーヴィッド・シンガー教授やロバート・アクセルロッド教授、ハロルド・ジェーコブソン教授から多くの刺激を受けるなど、一貫して国際関係論の中の対外行動に関与し続けたことになる。とりわけ、ミシガン大学を訪れたジェームズ・ローズノー教授から貴重なコメントを頂き、一九八七年に博士論文を完成させたことが、今となっては懐かしく思い出される。一九九二年に出た最初の拙著も考えてみればアイディア概念を対外行動に適用したものであった。

タイとシンガポールでの研究生活を終え、日本で国際関係論を教え始めて以来、東南アジアを中心とする地域研究と国際関係論をどのように統合するかが当面の研究課題となった。悪戦苦闘する中で見えてきたのが、国家の対外行動を三つの国際関係理論（リアリズム、リベラリズム、コンストラクティヴィズム）によって説明することであった。こうした中、本シリーズのプロジェクトが企画され、幸運にも参加することになった。当初は、ハンドブック的な内容を意識しており、対外政策・対外行動に関するこれまでの研究成果の紹介が主要な目的であったため、その影響が本書にも反映されている。その際、対外行動論の日本への適用において、若干独自の手法を取り入れている。日本の対外行動に関しては、二〇〇三年に出た同僚のデーヴィッド・ポッター教授との論文（Potter and Sudo 2003）を参考にしている。はたして対外行動論が可能かどうか、読者のご叱正とご指摘をお願いする次第である。

三〇年間の総括とはいえ、今回も多くの方々に有形無形のご教示を頂いている。学部時代の石井摩耶子教授、大学院時代の坂野正高教授、ラッセル・ファイフィールド教授とジョン・キャンベル教授、東南アジア滞在時代のチャイワット・カムチュー教授とラオ・テクスーン教授にはひとかたならぬご指導を頂いた。特に、本書完成直前に急逝された田中恭子教授には南山大学赴任以来多大なるご支援を頂き、自由な環境で研究に専念できたことを感謝申し上げたい。日本外交に関しては、援助政策が専門であるポッター教授にご教示頂いた。また、吉川洋子教授からはご多忙中にもかかわらず全章にわたる専門的なコメントを頂いた。そして大学院生の野田康弘さんにも原稿のチェックをお願いした。この場をお借りしてお礼申し上げます。

本書の完成にあたり、プロジェクトへの参加を可能として頂いた猪口孝教授、そして全ての段階で適切なアドバイスを頂いた東京大学出版会の奥田修一さんにも厚く御礼申し上げたい。奥田さんには校正の段階で貴重なコメントを頂いている。少しでも深みのある内容になっているとすれば、それは奥田さんのお陰である。

最後に、私の研究を全面的に支えてくれた今は亡き父、そして現在も支えてくれている母、姉、兄、そして妻と子供たちに感謝の念を込めて本書を捧げたい。

二〇〇七年九月

須藤 季夫

シリーズ国際関係論［全5巻］

猪口孝――［編］

四六判・平均二七二ページ

1 国際社会の秩序 篠田英朗 二五〇〇円

2 平和と安全保障 鈴木基史 二五〇〇円

3 国際政治経済 飯田敬輔 二五〇〇円

4 国家の対外行動 須藤季夫 二五〇〇円

5 国際関係論の系譜 猪口孝 一二月刊

ここに表示された価格は本体価格です．ご購入の際には消費税が加算されますのでご了承ください．

著者略歴

1953年　千葉県に生まれる．
　　　　ミシガン大学大学院政治学研究科修了，Ph. D.
　　　　チュラロンコーン大学研究員，シンガポール東南アジア研究所研究員，佐賀大学文化教育学部教授を経て，
現　在　南山大学総合政策学部教授．

主要著書

The Fukuda Doctrine and ASEAN（Institute for Southeast Asian Studies, 1992）
『東南アジア国際関係の構図』（勁草書房，1996年）
The International Relations of Japan and South East Asia（Routledge, 2002）
Evolution of ASEAN-Japan Relations（Institute for Southeast Asian Studies, 2005）

国家の対外行動　　シリーズ国際関係論 4

2007年11月20日　初　版

［検印廃止］

著　者　須《す》藤《どう》季《すえ》夫《お》

発行所　財団法人　東京大学出版会
　　　　代表者　岡本和夫
　　　　113-8654 東京都文京区本郷7-3-1 東大構内
　　　　http://www.utp.or.jp/
　　　　電話 03-3811-8814　Fax 03-3812-6958
　　　　振替 00160-6-59964

印刷所　株式会社三陽社
製本所　矢嶋製本株式会社

ISBN 978-4-13-034254-4　Printed in Japan

人名索引

ア 行
アイケンベリー(Ikenberry, G. John) 61
アクセルロッド(Axelrod, Robert) 24, 92
足立研幾 186-187
アリソン(Allison, Graham) 5, 35, 39, 72
有賀貞 27
飯田敬輔 113
イクレ(Ikle, Fred) 22
イーストン(Easton, David) 53
ヴィオティ(Viotti, Paul) 84, 86
ウィルソン(Wilson, Woodrow) 82
ウィルダフスキー(Wildavski, Aaron) 108
ヴェルツバーガー(Vertzberger, Yaacov) 42
ウェント(Wendt, Alexander) 6, 96, 128-132, 135-138, 141, 143, 145, 151, 156
ウォルツ(Waltz, Kenneth) 47, 53-58, 60, 62-65, 75, 77, 79, 90, 92-93, 107-108, 128, 135-136, 138, 169, 171, 195
ウォルト(Walt, Stephen) 8, 96, 171
ウォルファーズ(Wolfers, Arnold) 47
ウォールフォース(Wohlforth, William) 65, 67-69
エルマン(Elman, Colin) 63-64, 77
オアー(Orr, Robert) 165
オーウェン(Owen, John) 99-100
大河原伸夫 191
大矢根聡 184
オニール(Oneal, John) 99
オヌフ(Onuf, Nicholas) 141
オハロラン(O'Halloran, Sharyn) 104
小渕恵三 187
オルソン(Olson, Mancur) 92

カ 行
カー(Carr, E. H.) 47
カウィー(Cowhey, Peter) 104
ガーシェンクロン(Gerschenkron, Alexander) 66
片田さおり 181
カッツェンスタイン(Katzenstein, Peter) 138-139, 145, 191, 199
ガーバー(Gerber, Elisabeth) 108
カピ(Kauppi, Mark) 84, 86
カプステイン(Kapstein, Ethan) 8, 63
カプラン(Kaplan, Morton) 50-51, 54, 83
カリエール(Callieres, François de) 21
カールスナエス(Carlsnaes, Walter) 42
カルダー(Calder, Kent) 162

川崎剛 168-169
カント(Kant, Immanuel) 82, 99
岸信介 164
キッシンジャー(Kissinger, Henry) 3, 24, 47
ギデンズ(Giddens, Anthony) 6
木村汎 22
ギャディス(Gaddis, John) 21, 26, 60, 127
ギャレット(Garrett, Geoffrey) 102
キャンベル(Campbell, David) 155
ギルピン(Gilpin, Robert) 53
キングドン(Kingdon, John) 183
クバルコワ(Kubalkova, Vendulka) 141, 143, 157
クラウゼヴィッツ(Clausewitz, Karl von) 46
クラズナー(Krasner, Stephen) 89
クラトクウィル(Kratochwil, Friedrich) 143
グリエコ(Grieco, Joseph) 93-95
クリステンセン(Christensen, Thomas) 65
グリースドルフ(Griesdorf, Michael) 98
グリーン(Green, Michael) 166, 169, 172
クリントン(Clinton, William) 97
グレイ(Gray, John) 82
クロッツ(Klotz, Audie) 146-147
クローニン(Cronin, Bruce) 153-154
クーン(Kuhn, Thomas) 46
ケグリー(Kegley, Charles) 83
ゲッコウ(Guetzkow, Harold) 22
ケネディ(Kennedy, John) 38
ケネディ(Kennedy, Paul) 21
ゲルピ(Gelpi, Christopher) 98
高坂正堯 19, 24
コーエン(Cohen, Bernard) 29
コヘイン(Keohane, Robert) 55, 87, 90-95, 102, 116, 198
ゴールドスタイン(Goldstein, Judith) 116, 118
ゴルバチョフ(Gorbachev, Mikhail) 3, 68, 110, 119, 128

サ 行

サイモン(Simon, Herbert) 83
ザカリア(Zakaria, Fareed) 63, 65, 69-71
佐藤英夫 27
ザートマン(Zartman, William) 25
サピン(Sapin, Burton) 33
シェリング(Schelling, Thomas) 22, 114
シッキンク(Sikkink, Kathryn) 148
シモンズ(Simmons, Beth) 101
ジャーヴィス(Jervis, Robert) 5, 39, 96
ジャクソン(Jackson, John) 108
シュウェラー(Schweller, Randall) 65, 171
シューマン(Schuman, Frederick) 18
シュローダー(Schroeder, Paul) 26
ショッパ(Schoppa, Leonard) 175-176
スコット(Scott, Andrew) 23
スタインブルーナー(Steinbruner, John) 39
スティーヴンソン(Stevenson,

Richard) 21
ステイン(Stein, Arthur) 76
スナイダー(Snyder, Jack) 8, 59, 63, 65-67, 71
スナイダー(Snyder, Richard) 5, 29-30, 33-34, 38, 84
スナイダル(Snidal, Duncan) 94
スプラウト夫妻 (Sprout, Margaret, and Harold Sprout) 28, 35, 38
スミス(Smith, Adam) 82
スミス(Smith, Steve) 137
ソウヤー(Sawyer, Jack) 22

タ 行

田中明彦 165
タラー(Tarar, Ahmer) 114
タリアフェロ (Taliaferro, Jeffrey) 60, 77
タロック(Tullock, Gordon) 107
チェッケル(Checkel, Jeffrey) 149, 156
チャイ(Chai, Sun-Ki) 108
チュン(Chung, Chien-peng) 115
土山實男 171, 189
寺田貴 186
ドイル(Doyle, Michael) 121, 198
トゥキディデス(Thucydides) 46
トウメイ (Twomey, Christopher) 172
豊下楢彦 163

ナ 行

ナイ(Nye, Joseph) 87
中戸祐夫 176
中西寛 163
ニクソン(Nixon, Richard) 86-87
ニコルソン(Nicholson, Sir Harold) 16, 19, 27
西原正 22
西村めぐみ 158

ハ 行

パウエル(Powell, Robert) 72, 75-77, 94, 96
バーガー(Berger, Thomas) 140
ハガード(Haggard, Stephan) 135
長谷川将規 171
パーソンズ(Parsons, Talcott) 5
ハーツ(Herz, John) 47
パットナム (Putnam, Robert) 61, 103, 111-113, 174-176
鳩山一郎 164
ハーバーマス (Habermas, Jürgen) 6
ハモンド(Thomas Hammond) 44
ハリス(Harris, Scott) 29
ハレー(Halle, Louis) 21
バーンスタイン(Bernstein, Steven) 119-120
坂野正高 17
馬場伸也 150
ヒットラー(Hitler, Adolf) 20, 66
フィアロン(Fearon, James) 25
フィネモア (Finnemore, Martha) 148
フェスティンガー(Festinger, Leon) 39
ブエノ・デ・メスキータ(Bueno de Mesquita, Bruce) 109-110
フック(Hook, Glenn) 192
ブッシュ(Bush, George) 3
フランケル(Frankel, Joseph) 29,

34-35
フリーデン(Frieden, Jeffry) 109
ブルック(Bruck, H.) 33
ブルーワー(Brewer, Thomas) 41
ベンダー(Bendor, Jonathan) 44
ホッブズ(Hobbes, Thomas) 46
ホートン(Houghton, David) 42
ホフマン(Hoffmann, Stanley) 54, 198
ホール(Hall, Peter) 101
ホール(Hall, Rodney) 152-153
ホルスティ(Holsti, Kalevi) 29, 52
ボールディング(Boulding, Kenneth) 23

マ 行
マキャヴェリ(Machiavelli, Niccolò) 46
マスタンデュノ(Mastanduno, Michael) 61, 94
マーティン(Martin, Lisa) 95, 103-104
ミアシャイマー(Mearsheimer, John) 58, 77, 79, 95-96, 135
宮下明聡 166-167
ミルナー(Milner, Helen) 102-104
メンデルソン(Mendelson, Sarah) 118
モー(Mo, Jongryn) 114
モーゲンソー(Morgenthau, Hans) 47-48, 51-54, 83
モース(Morse, Edward) 87
モデルスキー(Modelski, George) 50-51
モラヴチック(Moravcsik, Andrew) 71, 108, 110, 112, 121, 123, 198
モロー(Morrow, James) 107

ヤ 行
山田高敬 189

ラ 行
ライト(Light, Margot) 41-42
ラギー(Ruggie, John) 95, 138, 140-141, 152, 199
ラセット(Russett, Bruce) 23, 97-99
ラピッド(Lapid, Yosef) 128, 143
ラブス(Labs, Eric) 59
ランゲ(Lange, Peter) 102
リックス(Rix, Alan) 167
リットバーガー(Rittberger, Volker) 158
ルボウ(Lebow, Richard) 77
レイク(Lake, David) 61, 72, 75-77
レグロ(Legro, Jeffrey) 71, 109, 147
ローズ(Rose, Gideon) 65, 79
ローズノー(Rosenau, James) 4, 28, 30-35
ローゼクランス(Rosecrance, Richard) 54
ロック(Locke, John) 82

ワ 行
ワン(Wan, Min) 166, 174

事項索引